브뤼기에르 주교
바로 알기

브뤼기에르 주교
바로 알기

교회 인가 | 2024년 4월 22일
1판 1쇄 | 2024년 6월 7일

글쓴이 | 조한건
펴낸이 | 김사비나
펴낸곳 | 생활성서사
편집인 | 윤혜원 **디자인 자문** | 이창우, 최종태, 황순선
편집장 | 박효주 **편집** | 안광혁, 김병수, 이광형
디자인 | 강지원 **제작** | 유재숙 **마케팅** | 노경신 **온라인 홍보** | 박수연
등 록 | 제78호(1983. 4. 13.)
주 소 | 서울특별시 강북구 덕릉로42길 57-4
편 집 | 02)945-5984
영 업 | 02)945-5987
팩 스 | 02)945-5988
온라인 | 신한은행 980-03-000121 재) 까리따스수녀회 생활성서사
인터넷 서점 | www.biblelife.co.kr
가톨릭 교회의 모든 도서는 '생활성서사' 인터넷 서점에서 만나실 수 있습니다.

ISBN 978-89-8481-665-7 04230
책값은 뒤표지에 있습니다.

ⓒ 조한건, 2024.
성경 ⓒ 한국천주교중앙협의회, 2024.
이 책은 저작권법에 의해 보호를 받는 저작물이므로 무단 복제를 금합니다.

이 시대에 왜 브뤼기에르 주교인가?

브뤼기에르 주교 바로 알기

글쓴이 조한건

교구장 주교님들의 추천사

　살면서 어려움에 처할 때가 있습니다. 누군가에게 도움을 요청해도 묵묵부답이면 절망에 빠지기도 하지요. 하지만 누군가 흔쾌히 요청을 들어주면 우리는 희망을 느끼기도 합니다. 불과 200년 전 조선이라는 나라가 그러했습니다. 모진 박해 속에서 하느님, 예수님의 가르침을 목말라 하던 조선의 신자들에게 '사제'는 정말 필요한 존재였습니다. 초대 대목구장 또한 조선의 교회가 중국 교회에서 독립하여 독자적인 교회로 서기 위해 정말 필요한 존재였습니다. 박해의 시기 조선에 초대 대목구장으로 간다는 사실은 목숨을 내놓는 순교의 길에 들어섬을 뜻하는 것이었습니다. 이때 브뤼기에르 주교님은 "제가 가겠습니다."라는 말과 함께 요청에 응답합니다. 비록 조선에 입국하지 못한 채 돌아가셨지만 그 응답은 조선의 신자들에게, 한국 천주교에 희망을 주었습니다. 희망의 메시지를 전한 의로운 사람의 이야기를 담은 책, 『브뤼기에르 주교 바로 알기』 속으로 떠나 보시기 바랍니다.

- 서울 대교구장 **정순택** 대주교

　우리 교회는 앞서간 신앙 선조들이 물려주신 열매를 먹고 자랐습니다. 특히 이 땅에 뿌려진 믿음의 씨앗에 거름이 되었던 브뤼기에르 주교님의 삶은 우리에게 큰 감동으로 다가옵니다. 『브뤼기에르 주교 바로 알기』를 통해 우리 믿음의 뿌리를 알아보고 오늘 나의 신앙을 점검하는 기회가 되었으면 좋겠습니다.

- 대구 대교구장 **조환길** 대주교

　조선 초대 대목구장 브뤼기에르 주교님의 일생을 다룬 책이 세상에 소개됨을 매우 기쁘게 생각합니다. 우리에게 다소 생소한 이름인 브뤼기에르 주교님은 교황청에 조선의 현실을 알려 정식으로 교구가 설정될 수 있도록 힘써 주셨으며, 초대 대목구장으로 임명되어 조선으로 입국하기 위해 중국 대륙을 종단하시던 중, 조선의 국경을 목전에 두고 하느님 곁으로 떠나셨습니다.

　교회는 신앙을 지키기 위해 목숨을 바친 이를 순교자라고 합니다. 브뤼기에르 주교님의 삶 또한 어떤 의미에서는 순교를 위한 삶이었다고 할 수 있습니다. 신앙을 전하기 위해 목숨을 걸고, 유럽에서 동남아시아로 그리고 중국을 가로질러 조선으로 떠나신 주교님의 웅대한 여정을 다룬 『브뤼기에르 주교 바로 알기』와 그분의 삶을 신앙으로 살아 내는 『브뤼기에르 주교 바로 살기』가 여러분들의 마음에 신앙의 위대함을 전해 줄 것입니다.

- 광주 대교구장 **옥현진** 대주교

"제가 조선에 가겠습니다." 길 잃은 양들을 위해 멀리서 달려오는 목자가 있습니다. 초대 조선 교구장 브뤼기에르 주교님입니다.

당시 조선 교회는 매우 어려운 상황에 놓여 있었습니다. 정부의 박해로 많은 신자들과 최초의 외국인 사제인 주문모 신부가 순교하였고, 이러한 상황에서 신자들은 정부의 감시를 피해 산으로 동굴로 숨었으며, 성사 활동은 엄두도 낼 수 없는 상황이었습니다. 외국에서도 대규모 박해가 자행되던 조선에 섣불리 사제를 파견하지 못합니다. 그러나 브뤼기에르 주교님은 '사제를 원하는 곳에 사제가 가야 한다.'라는 신념하에 반대를 무릅쓰고 힘들고 머나먼 여정에 몸을 싣습니다. 그분은 무더운 날씨와 험한 산길 등의 악조건을 이겨 내며 조선의 문 앞까지 왔지만 안타깝게도 조선에 입국하기 전 선종하십니다.

『브뤼기에르 주교 바로 알기』와 『브뤼기에르 주교 바로 살기』, 두 책에는 브뤼기에르 주교님의 이러한 선교 여정이 자세히 설명되어 있습니다. 이 책을 읽으며 우리를 위해 누구보다 먼저 발 벗고 나선 브뤼기에르 주교님의 발자취를 우리도 함께 따라가 보면 어떨까 제안합니다.

- 안동 교구장 **권혁주** 주교

『브뤼기에르 주교 바로 알기』와 『브뤼기에르 주교 바로 살기』가 출간되어 기쁩니다. 브뤼기에르 주교님은 우리 교회가 세계 교회의 일원이 되도록 몸을 바쳐 다리 역할을 자처하셨습니다. 이 두 권의 책이 우리가 물려받은 신앙의 유산을 소중히 간직하고 각자의 삶 안에서 풍요로운 신앙의 결실을 맺는 데 큰 도움을 주리라 믿으며 기쁜 마음으로 추천합니다.

- 전주 교구장 **김선태** 주교

우리 한국 천주교회는 선조들이 물려주신 위대한 '순교 신앙'에 뿌리내린 자랑스러운 교회입니다. 하지만 세상의 변화와 시대의 어려움에, 풍랑 속의 제자들처럼 두려움에 휩싸이곤 합니다. 이런 위기의 시대에 하느님 사랑과 선교에 대한 열정으로 기꺼이 조선 선교를 받아들여 모든 노력을 다했지만, 손에 잡힐 듯한 그 땅에 발을 내딛지 못하고, 그 땅과 백성을 바라보며 기도하다 안타깝게 눈 감으셨던 하느님의 종 브뤼기에르 주교님의 사랑과 신앙을 만나는 것은 감사와 기쁨이라 생각합니다. 우리도 그렇게 하늘 나라를 바라보며, 희망하며, 『브뤼기에르 주교 바로 알기』와 『브뤼기에르 주교 바로 살기』를 통해 흔들리지 않는 신앙의 초석을 놓으면 좋겠습니다.

- 청주 교구장 **김종강** 주교

    자비로우신 하느님은 200년 전 곤경에 처한 조선 교회를 굽어보셨습니다. 1801년의 신유박해로 처참히 무너진 교회의 재건을 위해 몇몇 신자들이 교황님에게 성직자 파견을 청원하는 편지를 보냈습니다. 하지만 아무도 위험천만한 조선 교회에 오려고 하지 않았습니다. 그때 "제가 가겠습니다."라고 하면서 나선 분이 바로 브뤼기에르 주교님입니다. 하느님께서 조선 교회 신자들의 간절한 청원에 응답하시어 주교님의 마음을 움직여 주신 것입니다. 비록 주교님은 조선에 입국하지 못한 채 돌아가셨지만, 그분의 희생에 감동한 다른 선교사들이 조선 선교를 자원하게 됩니다. 조선 교회를 위해 한 알의 밀알이 되신 브뤼기에르 주교님이 책을 통해 우리를 만나러 오십니다. 그분을 반갑게 맞이하면 좋겠습니다.

- 의정부 교구장 **손희송** 주교

    브뤼기에르 주교님에 관한 귀한 책이 발간되었습니다. 기쁜 일입니다. 1801년 일어난 신유박해로 주문모 신부님도 순교하시고 한때 만 명을 헤아렸던 조선 교회는 지하로 숨어들었습니다. 힘겹게 신앙생활을 하던 조선 교우들은 성직자를 청하는 편지를 교황청에 보냈습니다. 소식을 접한 브뤼기에르 신부님은 선교를 자청하십니다. 모두가 불가능하게 여겼고 파리외방전교회도 난색을 표할 때 우리나라 선교를 자원하셨습니다.

    주교님은 1831년 9월 9일 조선 대목구 초대 교구장으로 임명되셨습니다. 하지만 조선 입국은 쉽지 않았습니다. 마카오와 남경을 거쳐 하북 서만자 교우촌에서 해를 넘기고 이듬해 내몽골의 적봉시 마가자 교우촌까지 오셨지만 그곳에서 선종하셨습니다.

    조선에 입국한 모방 신부님은 김대건 최양업 최방제 세 소년을 마카오 신학교에 보냈습니다. 주교님이 오셨던 길을 거꾸로 가는 여행이었을 겁니다. 모방 신부님은 브뤼기에르 주교님의 장례 미사를 집전하며 주교님을 묘지에 모셨던 분이십니다. 아마도 세 소년은 모방 신부님의 명을 받고 마가자의 주교님 무덤 앞에서 기도

한 뒤 떠났을지도 모릅니다.

『브뤼기에르 주교 바로 알기』, 『브뤼기에르 주교 바로 살기』두 책을 여러분께 추천합니다. 16살 소년이었던 김대건 신부님과 최양업 신부님 그리고 외국 신학교에서 공부하다 선종하신 최방제 신학생의 마음으로 읽어 주셨으면 합니다.

- 마산 교구장 서리 **신은근** 신부

브뤼기에르 주교님은 우리 교회와 세계 교회를 이어 주는 가교의 역할을 맡으시어 자신의 한 몸을 모두 바치셨습니다. 그렇게 이 땅에 뿌려진 믿음의 씨앗에 거름이 되었던 브뤼기에르 주교님의 삶은 우리에게 큰 감동으로 다가옵니다. 『브뤼기에르 주교 바로 알기』와 『브뤼기에르 주교 바로 살기』, 이 두 권의 책이 우리가 물려받은 신앙의 유산을 소중히 간직하고 각자의 삶 안에서 신앙의 풍요로운 결실을 맺는 데 큰 도움을 주리라 믿으며 기쁜 마음으로 추천합니다. 아울러 이 두 권의 책을 통해 우리 믿음의 뿌리를 알게 되고, 오늘 나의 신앙을 점검하는 기회가 마련되리라 기대합니다.

- 수원 교구장 **이용훈** 주교

조선 초대 대목구장이셨던 브뤼기에르 주교님. 부끄럽게도 저는 한국 교회사를 배우고 책을 읽었으면서도 이분에 대한 관심과 지식이 거의 없었습니다.

그러다가 우연한 기회에 한국 천주교회사와 순교사를 새로 공부하면서 여러 책과 자료를 보았습니다. 그러던 중 월간 「생활성서」 2010년 6월호에 한수산 작가님이 쓰신 '조선으로 향하던 꿈은 꿈으로 남고'라는 글을 읽고 감동을 넘어 충격을 받았습니다. '이런 분이 계셨구나'.

그 이후로 저는 브뤼기에르 주교님에 관한 책과 자료를 모으고 열심히 읽었습니다. 그리고 몇몇 곳에서 교구 사제들에게 주교님에 대한 강의도 했습니다. 저는 '브뤼기에르 주교님은 지금 시복, 시성을 해도 아무런 문제가 없다.'라고 생각했습니다.

다행히 브뤼기에르 주교님에 대한 시복 운동이 전개되고 있고, 이번에 생활성서사에서 『브뤼기에르 주교 바로 알기』와 『브뤼기에르 주교 바로 살기』가 출간된다니 가슴이 뛸 만큼 기쁩니다.

더할 말이 없습니다. 모두들 꼭 읽어 보시기를 당부하고 추천합니다.

- 부산 교구장 **손삼석** 주교

역사 안에서 삶의 이정표를 제시한 분들의 이야기를 보고 들을 때마다, 늘 설렘과 함께 큰 감동이 다가옵니다. 특별히 이번에 출간되는 '하느님의 종' 브뤼기에르 주교님에 대한 책은 독자들에게 초기 한국 교회의 배경을 알려 줄 뿐 아니라, 밀알과 같은 선교사의 모습을 우리에게 신앙의 유산으로 건네줍니다. 오직 하느님의 뜻을 따랐으며, 철저히 예수님을 닮은 브뤼기에르 주교의 '네'의 여정은 이 시대 삶의 지혜를 다시금 깨닫게 합니다.

뜨거웠던 그분의 선교 열정이 오늘 우리 신앙을 비추는 행복한 삶의 큰 거울이 되길 바라 봅니다.

- 제주 교구장 **문창우** 주교

초대 조선 대목구장
'하느님의 종' 브뤼기에르 소蘇 주교

차례

교구장 주교님들의 추천사 **4**
브뤼기에르 주교 약전과 연표 **16**
여는 글 브뤼기에르 주교가 걸었던 그 길을 묵상하며 **32**

1장 | 조선의 상황 **43**

2장 | 브뤼기에르 주교의 생애 **55**
  1. 어린 시절에서 사제 서품까지 **59**
  2. 서품과 선교의 열망 **63**
  3. 시암 대목구로의 부임과 조선 선교 자원 **67**
  4. 조선 대목구 설정과 깊어 가는 갈등 **80**
  5. 브뤼기에르 주교의 중국 선교 여정 **96**
  6. 유해 발견과 묘지 이장 **130**

3장 | '하느님의 종' 브뤼기에르 주교의
　　　업적과 신앙 유산　　　　　　　　**139**
　　1. 영성　　　　　　　　　　　　　　**141**
　　2. 세계 교회의 일원이 된 한국 교회　　**147**
　　3. 방대한 기록 유산　　　　　　　　**154**

맺는 글　주교님이 우리에게 남긴 신앙의 유산　　**160**

부록　　　　　　　　　　　　　　　　**167**
브뤼기에르 주교의 시복 시성 추진　　　　**168**
주註　　　　　　　　　　　　　　　　　**174**

브뤼기에르 주교 약전과 연표

파리외방전교회 회원 입회 번호 356번, 초대 조선 대목구장인 바르톨로메오 브뤼기에르 Barthélémy Bruguière(1792-1835년) 주교는 1792년 2월 12일 프랑스 카르카손 Carcassone 교구의 나르본 Narbonne 근교 레삭 도드 Raissac d'Aude 마을에서 태어났다.

자작농이었던 아버지 프랑수아 François Bruguière와 어머니 테레즈 Thérèse Bruguière 사이에서 열한 번째 아들로 태어난 브뤼기에르는 그곳에서 어린 시절을 보낸 후 1805년 13세의 나이로 카르카손 소신학교에 입학했다. 브뤼기에르는 우수한 성적뿐만 아니라 두터운 신심과 대담함, 솔직함으로 스승들의 인정을 받았다.

카르카손 대신학교에 진학한 브뤼기에르는 1814년 3월 26일 차부제품을 받은 후 소신학교 3학년 교사로 임명되었다. 1815년 12월 23일 사제로 서품되었고, 26세에 대신학교 교수로 임명되어 철학을 가르쳤고, 이후에는 신학을 가르쳤다.

카르카손 대신학교에서 교수로 재직하면서 전부터 관심을 갖고 있던 외방 선교에 대한 열망이 더욱 커진 브뤼기에르는 1825년 9월 17일 33세의 나이로 파리외방전교회 신학교에 입학해 4개월 반 동안 선교사가 되기 위한 양성을 받았다.

1826년 2월 24일 동아시아 선교 활동의 거점인 마카오 극동 대표부로 가기 위해 보르도 항구를 출발한 브뤼기에르 신부는 7월 1일 바타비아Batavia(오늘날의 자카르타)에 도착했다. 마카오로 가는 배편을 찾지 못한 그는 8월 28일 싱가포르로 출발해 10월 중순 마카오에 도착했다. 그곳에서 부임지가 시암Siam(오늘날의 태국) 대목구로 바뀌어 12월 11일 마카오를 출발, 1827년 1월 12일 페낭Penang에 도착한 브뤼기에르는 주님 부활 대축일 다음 날인 4월 16일 페낭을 떠나 6월 3일 시암의 수도인 방콕에 도착했다.

방콕에서 브뤼기에르 신부에게 처음 맡겨진 일은 신학교에서 신학생들을 가르치는 것이었다. 시암어에 익숙해진 브뤼기에르는 곧 방콕과 인근 지역의 신자들을 대상으로 성무 집행을 시작했다. 신학교 교수직과 본당 활동을 겸한다는 것은 매우 힘든 일이었다. 또한 교구청 업무도 병행하면서 매일 철학과 신학 2시간, 매주 성경 2시간과 라틴어 4학급의 강의도 맡았다.

당시 시암 대목구장 에스프리 플로랑 Esprit Florens(1762-1834년) 주교는 64세로 다른 선교사들에 비해 연로한 편이었다. 그래서 브뤼기에르 신부는 유럽으로 자주 서한을 보내어 선교 지원자들을 모집하기 위해 노력했다. 그는 카르카손 대신학교 교수로 재직하던 시절부터 『전교회지』에 실린 아시아 선교지들에 관한 소식을 읽었기 때문에 회지가 선교사의 성소를 발견하는 데 유용한 수단임을 알고 있었다. 브뤼기에르 신부가 조선 선교지에 관해서 처음 접한 것도 『전교회지』를 통해서였다.

브뤼기에르 신부가 시암 대목구에서 활동하기 시작한 직후에 플로랑 주교는 그를 대목구장 계승권을 지닌 부주교로 임명하기 위해 교황청에 청원서를 올렸다. 그 무렵 교황청에서는 조선의 상황과 조선 신자들의 탄원을 고려하여 조선을 북경 교구에서 분리된 대목구로 독립시킬 계획을 세우고 있었다.

훗날 그레고리오 16세(1831-1846년 재위) 교황이 되는 포교성성 장관 카펠라리 B. A. Cappellari 추기경은 1827년 9월 1일 파리외방전교회 신학교 교장 랑글루아 C. F. Langlois(1767-1851년) 신부에게 서한을 보내어 조선 대목구가 설정되면 이를 맡아서 관리해 줄 수 있는지 문의했다. 하지만 파리외방전교회는 인적·물적 자원이 부족하고 조선 입국의 가능성이 불투명하다는 이유를 들어 부정적으로 답변했다. 교섭은 난항을 겪었다.

1829년 초에 파리외방전교회의 지도자 신부들은 아시아 각지에서 활동하는 선교사들에게 공동 서한을 보내 조선 선교지에 관해 교황청과의 교섭 사실을 알렸다. 1829년 5월 19일 브뤼기에르 신부는 조선 선교지와 조선 신자들을 포기해서는 안 되며, 지원자를 선발하여 조선으로 파견하자는 내용의 서한을 본부에 보냈다. 그리고 이 서한에서 만일 지원자가 없다면 자신이 가겠다는 의사를 표명했다. 또한 1829년과 1830년에 포교성성 장관에게도 서한을 보내어 조선에 선교사로 가겠다는 결심을 설명하고 교황의 허락을 얻어 달라고 간청했다. 브뤼기에르 신부의 열정에 감동한 플로랑 주교는 그를 조선으로 보내는 데 동의한다는 서한을 포교성성으로 보냈다.

그 무렵 플로랑 주교에게는 브뤼기에르 신부를 갑사Capsa 명의의 주교이자 시암 대목구장을 계승하는 권한을 지닌 부주교로 임명해도 좋다는 교황 칙서가 도착했다. 브뤼기에르 신부는 조선으로 가는 데 유리할 것이라는 판단 아래 주교 임명을 수락하고, 1829년 6월 29일 방콕에서 주교로 서품되었다.

1831년 9월 9일 그레고리오 16세 교황은 조선 대목구를 신설하고 초대 대목구장에 브뤼기에르 주교를 임명했다. 말레이반도

서해안의 작은 섬 페낭에 있는 신학교에서 활동하던 브뤼기에르 주교는 1832년 7월 25일에 파리에서 보낸 서한을 받고 자신이 조선 대목구장에 임명되었음을 알게 되었고, 페낭을 떠나 조선으로 가기로 결심했다.

브뤼기에르 주교는 시암 대목구 신임 선교사 클레망소Clemenceau 신부, 페낭 신학교를 중퇴한 중국인 신자 왕 요셉 등과 함께 1832년 8월 4일 페낭을 출발하여 싱가포르로 갔다. 당시 싱가포르 선교지는 시암 대목구장의 재치권裁治權 아래에 있었지만, 그 이전부터 싱가포르에서 활동하고 있었던 포르투갈 선교사가 이를 거부하면서 분쟁이 있었기 때문이다. 브뤼기에르 주교가 중재에 나섰으나 관계를 온전히 회복하지는 못했다. 이에 브뤼기에르 주교는 클레망소 신부에게 거처를 마련해 주고 마카오로 향했다.

1832년 10월 18일 마카오에 도착한 브뤼기에르 주교는 파리 외방전교회의 마카오 대표부로 찾아갔으나 대표부가 다른 거리로 이사하였기 때문에 찾을 수 없었다. 그래서 포교성성 대표부를 찾아가서 움피에레스Raffaele Umpierres(1823-1837년 재임) 신부를 만났다. 그 후 파리외방전교회 대표부의 위치를 확인하고 찾아가 르그레즈와Pierre Louis Legrégeois(1810-1866년) 신부로부터 조선 대목구 설정 칙서와 대목구장 임명 칙서를 정식으로 수령했다.

임명 칙서를 받은 브뤼기에르 주교는 조선 대목구장으로서의 취임 절차에 착수했다. 먼저 조선 선교지에 대한 재치권을 행사하였던 전임자, 즉 당시 북경의 남당南堂에 머물면서 북경 교구장 서리직을 겸하고 있던 남경 교구장 피레스-페레이라 G. Pirés-Pereira(중국명 畢學源, 1769-1838년) 주교에게 조선 대목구 신설과 대목구장 임명 사실을 통보하는 서한을 작성했다. 이어서 조선 교우들에게 교황께서 파견한 목자가 곧 조선으로 갈 것을 알리고 신앙을 돈독히 할 것을 권하는 사목 서한을 작성했다. 브뤼기에르 주교는 이 서한들을 왕 요셉에게 주어 북경으로 가지고 가도록 했다.

12월 19일(또는 20일), 브뤼기에르 주교는 복건福建 대목구장 카르페나 디아즈 Carpena Diaz(1760-1849년) 주교가 보내 준 배를 이용해 마카오를 떠났다. 이 배에는 중국의 각 선교지로 떠나는 모방 P.-P. Maubant(중국명 羅伯多綠, 1803-1839년) 신부를 포함한 선교사 5명이 함께 탔다. 행선지는 복건 대목구장의 주교관이 있던 복건성 복안현福安縣 정두촌頂頭村이었다. 그들은 1833년 3월 1일 목적지에 도착했다.

8일 뒤인 1833년 3월 9일 모방 신부는 사천四川 대목구로 가는 것을 포기하고 조선 선교를 자원했다. 브뤼기에르 주교는 일단 사천 대목구장에게 문의할 문제라고 보고 모방 신부의 의향을 담은 서한을 사천 대목구로 보내는 한편, 복건 대목구장의 허락을 얻어 모방 신부에게는 당분간 복건의 흥화興化 지역에서 사목 활동을 행할 것을 권했다. 브뤼기에르 주교 본인은 북경으로 가서 조선에서 오는 교우들을 만날 계획을 세웠다. 4월 23일 복안 주교관을 출발한 브뤼기에르 주교는 5월 중순 무렵에 남경 근처에 도착했다. 남경 교구의 총대리인 카스트로Castro 신부가 자신을 찾아오자, 브뤼기에르 주교는 조선으로 입국하기 위해서 거쳐야 하는 요동 지역까지 자신을 안내해 줄 연락원을 소개해 달라고 부탁했다. 그러나 카스트로 신부는 이 부탁을 들어줄 수 없는 형편이었다. 북경의 피레스-페레이라 주교로부터 산동으로 가서 북경교구의 총대리로 활동하라는 연락을 받았지만, 자신도 안내인이 없어서 출발하지 못하는 실정이었기 때문이다.

한편 북경으로 파견된 브뤼기에르 주교의 연락원 왕 요셉은 1833년 2월 17일 북경에 도착하여 피레스-페레이라 주교와 면담했다. 피레스-페레이라 주교는 브뤼기에르 주교의 말을 조선 교우들에게 전하였고, 아울러 왕 요셉에게는 중국인 여항덕余恒德(파치피코. 1795-1854년) 신부를 먼저 요동으로 안내하라고 지시했다. 왕 요셉은 여항덕 신부를 안내하여 요동으로 가서 브뤼기에르 주교가 거처할 곳을 물색한 다음, 북경을 거쳐서 6월 26일 주교가 기다리고 있던 남경 근처로 귀환했다.

　1833년 7월 20일 왕 요셉의 도움과 피레스-페레이라 주교의 관대한 편지 덕분에 두 명의 안내인을 구한 브뤼기에르 주교는 왕 요셉, 바오로 노인, 양 요한 등 3명의 수행원과 길을 떠났다. 배를 타고 운하를 따라서 흘러가다가 양자강으로 들어선 일행은 남경 근처를 지나 7월 31일 양자강의 북쪽 강변에 배를 대고 하선한 후 육로로 북상하기 시작했다. 절강성浙江省에서 산서성山西省의 경계 지역까지 뻗은 화북 평원 지대를 종단한 브뤼기에르 주교 일행은 8월 13일 황하를 건너 산동성山東省을 거쳐 8월 26일 북경에서 멀지 않은 직예直隷 지역에 도착해 그곳 교우집에 머물면서 휴식을 취했다.

　1개월 정도 앓아누웠던 브뤼기에르 주교가 간신히 회복하자, 강남에서부터 함께 왔던 안내인들은 더 이상 북상하는 것은 불가능하다면서 돌아가 버렸다. 하지만 조선 선교를 포기할 수 없었던 주교는 왕 요셉을 북경으로 보낸 후 산서 대목구장이 거주하는 산서성 태원부太原府 기현祁縣 구급촌九汲村으로 갔다. 1833년 10월 10일 산서 주교관에 도착한 브뤼기에르 주교는 산서 대목구에서 활동하던 이탈리아 프란치스코회 소속 선교사들의 도움을 받으며 1년 정도 머물렀다. 그사이에 여러 차례 왕 요셉을 북경으로 보냈지만 조선 신자들과 접촉하는 데에는 번번이 실패했다.

한편 페낭 신학교에 있던 샤스탕 J. H. Chastan(중국명 鄭牙各伯, 1803-1839년) 신부도 조선 선교를 자원하여 마카오를 거쳐 복건으로 가서 모방 신부와 합류했다. 이들은 1833년 12월 4일 복건을 출발하여 각기 다른 경로로 북상했다. 육로를 선택한 모방 신부는 1834년 4월 1일 북경에 도착하여 피레스-페레이라 주교를 비롯한 주변 사람들을 깜짝 놀라게 했다. 중국 전역에서 벌어지고 있던 각종 박해로 서양인 선교사가 혈혈단신으로 중국 내륙을 종단하는 일이 불가능하다고 생각하였기 때문이었다. 모방 신부는 브뤼기에르 주교의 명령대로 1834년 6월 8일 북경을 출발하여 만리장성을 넘어 서만자西灣子 교우촌으로 갔다. 모방 신부가 서만자로 떠나고 두 달 뒤인 8월, 샤스탕 신부는 배를 타고 상해와 요동을 거쳐 북경으로 들어갔다. 그는 피레스-페레이라 주교의 권유로 산동 지방으로 가서 당분간 카스트로 신부와 함께 중국인 신자들을 대상으로 하는 선교 활동에 종사했다.

1834년 9월 22일 브뤼기에르 주교는 산서 대목구의 살베티 Joachim Salvetti(1769-1843년) 주교에게 작별을 고하고 북경에서 가까운 서만자 교우촌으로 거처를 옮겼다. 서만자가 북경을 자주 왕래하는 조선 신자들과 연락을 취하기에 훨씬 쉬웠기 때문이다. 10월

8일 서만자에 도착한 브뤼기에르 주교는 먼저 와 있던 모방 신부와 함께 1년 동안 서만자 교우촌에 머물면서 왕 요셉을 연락원으로 북경에 여러 차례 파견했다.

왕 요셉은 1835년 1월 19일 조선에서 온 신자들을 만나 조선 교회의 상황을 청취하고, 브뤼기에르 주교의 단호한 입장을 전달했다. 이에 조선 교회의 주요 인사들이었던 유진길(아우구스티노, 1791-1839년), 조신철(가롤로, 1796-1839년), 김 프란치스코 등은 1835년 말에 주교를 반드시 조선으로 모시겠다고 다짐하고, 이런 내용을 담아서 브뤼기에르 주교에게 올리는 서한을 작성했다. 왕 요셉은 남이관(세바스티아노, 1780-1839년) 등이 조선에서 써 보낸 편지와 조선 신자들이 새로 쓴 서한을 갖고 1월 26일 서만자로 귀환했다. 조선 신자들의 결심을 전해 들은 브뤼기에르 주교는 1월 29일 왕 요셉을 다시 북경으로 보내면서 조선 신자들을 격려하는 서한을 적어서 함께 보냈다.

서만자에 머물던 브뤼기에르 주교는 1835년 6월에 몇 차례 박해의 위험을 겪었다. 산서 지역에서 벌어진 백련교도白蓮敎徒들의 반란 사건을 추적하던 지방관들이 천주교 신자들을 이 사건에 연루시키려고 하였기 때문이다. 서만자까지 확산된 박해는 다행히 서양인 선교사들을 겨냥한 것이 아니었기 때문에 이내 수그러들었다. 두 번이나 서만자 부근의 산속 토굴로 피신했던 브뤼기에르 주교는 무사히 박해의 위기를 넘기고 조선으로 떠날 준비를 했다.

10월 7일 마침내 브뤼기에르 주교는 중국인 라자리스트 고 신부와 왕 요셉을 데리고 서만자를 떠나 만주 봉황성鳳凰城 부근의 변문邊門으로 향했다. 10월 19일 마가자馬架子 또는 피엘리쿠Pie-li-keou라고 불리던 교우촌에 도착한 브뤼기에르 주교는 요동으로 떠날 준비를 하면서 보름 정도 그곳에 머물 예정이었다.

이튿날인 10월 20일 낮 동안 책을 읽으며 휴식을 취한 브뤼기에르 주교는 저녁 식사를 마치고 잠시 누워 있었다. 그러다 갑자기 일어난 주교는 발을 씻겠다고 한 뒤, 면도도 하고 싶다고 말했다. 신자인 면도사가 와서 주교에게 면도를 해 준 후에 중국식으로 머리카락을 다듬는 조발調髮을 마무리하는 순간, 브뤼기에르 주교는 두 손으로 머리를 감싸고 고통스럽게 비명을 지르며 침상에 쓰러져 프랑스어로 "예수, 마리아, 요셉!"을 부르짖고는 의식을 잃었다. 중국인 고 신부가 급히 종부 성사를 베풀었으며, 저녁 8시 15분경에 브뤼기에르 주교는 선종했다. 그의 나이는 향년 43세였다.

11월 9일 서만자에 있던 모방 신부는 브뤼기에르 주교의 선종 소식을 듣자 마카오와 로마로 보내는 서한을 작성하고 나서 즉시 출발해 11월 17일 마가자에 도착했다. 그리고 11월 21일 장례 미사를 봉헌한 후 브뤼기에르 주교의 시신을 인근의 신자들 묘지에 안장하고 묘비를 세웠다. 그런 다음 모방 신부는 변문으로 가서 조선 교회에서 파견한 신자들을 만났다. 그들의 안내를 받은 모방 신부는 브뤼기에르 주교의 발자취를 이어받아 1836년 1월 13일 조선으로 입국했다.

한편 시간이 흐르며 사람들의 기억에서 멀어졌던 브뤼기에르 주교의 무덤이 1897년 11월 발견되었다. 당시 흑사병 연구를 위하여 마가자 일대를 방문했던 북경 주재 프랑스 공사관의 부속 의사 마티뇽 J.-J. Matignon(1866-1928년) 박사는 무덤을 촬영한 사진을 제8대 조선 대목구장 뮈텔 주교에게 보냈다.

1931년 조선 교구 설정 100주년을 맞이하여 조선의 주교들은 브뤼기에르 주교의 유해를 조선으로 모시기로 결정했다. 이에 동부 몽골 대목구장 아벨 Abels 주교의 협조 아래 1931년 9월 4일 브뤼기에르 주교의 유해가 발굴되었으며, 9월 24일 오전 10시 경성(서울) 주교관에 도착했다. 10월 14일 유해를 새로운 관에 모신 후, 이튿날인 10월 15일 명동 주교좌 성당에서 라리보 주교의 주례로 장엄 연미사를 봉헌하였다. 브뤼기에르 주교의 유해는 용산 성직자 묘역에 안장되었다.

브뤼기에르 주교 연표

연도	날짜	나이	장소	이벤트 및 관련 정보[1]
1792년	2월 12일		레삭 도드	탄생
1805년		13세	카르카손 소신학교	카르카손 소신학교 입학
1812년		20세	카르카손 신학교	삭발례
1813년		21세		수품 허가를 받음
1814년	3월 26일	22세		차부제품
1814년		22세	카르카손 소신학교	소신학교 교사, 이후 5년간 재직
1815년	6월 4일	23세	카르카손 성당	부제품
1815년	12월 23일	23세		사제품
1818년		26세	카르카손 대신학교	철학 교수 및 학과장, 신학 교수
1818년	7월 19일	26세		명예 참사위원(참사회: 교구장 주교 또는 수도원장의 자문위원으로 구성된 교구 대표 기관)
1825년	9월 17일	33세	파리	파리외방전교회 입회, 약 5개월 간 수련
1826년	2월 5일	34세	파리 → 보르도	부임지 코친차이나 대목구로 출발
1826년	2월 24일	34세	보르도 → 마카오	에스페랑스호를 타고 보르도에서 마카오로 출발
1826년	7월 1일	34세	자바섬	바타비아 도착
1826년	8월 28일	34세		바타비아 출발, 마카오로 가는 배편을 구하지 못해 싱가포르로 출발

1826년	10월 중순	34세	마카오	마카오 도착. 여기서 부임지가 시암 대목구로 변경됨.
1826년	10월 중순 -12월 초	34세	마카오 파리외방전교회 극동 대표부	1824년 말 유진길과 정하상이 북경의 남당을 방문, 북경 교구장 서리였던 호세 리베이로-누네스 신부에게 '조선 교회의 암브로시오와 그 동료들' 이름으로 제출한 서한을 1826년 11월 29일 포교성성 대표부의 움피에레스 신부가 라틴어로 번역, 라미오 신부에게 검토를 요청. 브뤼기에르는 체류 중 움피에레스 신부와 프랑스 라자리스트회 라미오 신부를 만나 조선인 신자들이 선교사를 요청하는 편지를 보내온다는 소식 들음(추정)
1826년	12월 11일	34세	마카오 → 방콕	시암 대목구로 출발, 페낭 경유
1827년	1월 12일	35세	페낭	페낭 도착
1827년	4월 16일	35세		페낭 출발
1827년	6월 3일	35세	방콕	방콕 도착. 시암 대목구 신학교 교수, 본당 사목, 교구청 업무
1829년	5월 19일	37세	방콕	조선 선교사로 파견을 요청하는 최초의 편지 작성. 편지는 1829년 5월 29일에 완성되어, 6월 9일 발송, 1830년 5월 10일 파리에 도착
1829년	5월 28일	37세		갑사 명의의 주교이자 시암 대목구 부주교로 임명됨
1829년	6월 29일	37세	방콕 주교좌 성당	주교품. 페낭으로 이동

연도	날짜	나이	장소	내용
1831년	9월 9일	39세	페낭	조선 대목구 설정과 초대 대목구장으로 브뤼기에르 주교를 임명하는 칙서 반포(그레고리오 16세 교황)
1832년	7월 25일	40세	페낭	임명 소식을 전하는 파리 뒤브와 신부의 서한 입수
1832년	8월 4일	40세		조선으로 가기 위해 페낭 출발
1832년	9월 30일	40세	마닐라	필리핀 마닐라 도착
1832년	10월 12일	40세		마닐라 출발, 마카오로 이동
1832년	10월 18일	40세	포교성성 대표부	마카오 도착(63 혹은 64일간 체류)
1832년	11월 18일	40세		조선 교구민들에게 첫 사목 서한 발송
1832년	12월 19일	40세		마카오 출발
1833년	3월 1일	41세	정두촌 주교관	복건성 복안현 도착
1833년	4월 23일	41세		복안현 출발(27일 출항)
1833년	5월 12일	41세	샤포진	절강성 북부 히아푸 도착
1833년	5월 15일	41세		강남 운하 부근의 농가 도착
1833년	5월 18일	41세	강남	강남 숙소 도착
1833년	7월 20일	41세		북경으로 출발, 7월 27-28일 경항 대운하를 이용해 양자강에 도착, 29일 남경 인근을 지나, 31일 하선한 뒤, 절강성에서 산서성까지 뻗은 화북 평원을 종단, 8월 13일 황하를 건너 산동에 도착
1833년	8월 26일	41세	산동—직예 접경	교우촌 도착, 35일간 와병
1833년	9월 29일	41세		교우촌을 떠나 산서로 출발

연도	날짜	나이	장소	내용
1833년	10월 10일	41세	구급촌 주교관	산서성 기현 도착(11개월 12일간 체류)
1834년	9월 22일	42세		기현 출발
1834년	10월 7일	42세		장가구 통해 만리장성 통과
1834년	10월 8일	42세	서만자	서만자 교우촌 도착(1년 체류)
1835년	6월 17일	43세	서만자	체포령을 듣고 피신, 6월 23일 귀환
1835년	6월 26일	43세	서만자	체포령을 듣고 피신, 7월 3일 귀환
1835년	10월 7일	43세		서만자 출발, 변문 인근에 준비된 연락소를 향해 출발
1835년	10월 19일	43세	마가자	마가자 교우촌 도착
1835년	10월 20일	43세	마가자	선종
1835년	11월 21일		마가자	장례 미사 후 안장
1931년	9월 24일		경성(서울)	경성 주교관에 유해 도착
1931년	10월 15일		명동 주교좌 성당	장엄 연미사 봉헌
1931년	10월 15일		용산	삼호정 교회 묘역(용산 성직자 묘지)으로 천묘

일러두기
1. 이 책의 주요 표기 기준은 국립국어원 표준국어대사전을 원칙으로 합니다. 다만, 교회사나 외래어의 경우 일반적으로 통용되는 표기를 따랐음을 밝힙니다.
2. 역사적인 사실 판단 기준은 2023년 12월 2일 열린 「'하느님의 종' 바르톨로메오 브뤼기에르 소(蘇) 주교 시복 추진 제1차 심포지엄」의 내용을 따랐습니다.
3. 2장 '브뤼기에르 주교의 생애'는 「'하느님의 종' 바르톨로메오 브뤼기에르 소(蘇) 주교 시복 추진 제1차 심포지엄」 내용을 저자들의 허락하에 자유롭게 인용했습니다.
4. 사용된 그림·사진 저작권은 별도로 표기했으며(41쪽), 표기가 없는 것은 자유 이용 저작물임을 밝힙니다.

여는 글

브뤼기에르 주교가 걸었던 그 길을 묵상하며[2]

브뤼기에르 주교 시복 추진의 의미

한국 교회는 지금까지 순교자 공경을 중심으로 하여 순교자들의 시복 시성을 위해 많은 노력을 기울였다. 그리하여 103위 성인과 124위 복자가 탄생했고, 조선 왕조 치하 박해 상황에서 순교한 133위의 '하느님의 종'에 대한 시복 운동을 펼치고 있다. 또한 근현대 신앙의 증인인 81위와 덕원 순교자 38위 '하느님의 종'에 대한 시복 운동을 추진하고 있다. 이들은 모두 순교자라는 공통점이 있다.

초기 로마 시대의 박해 때에도 많은 순교자들에 대한 공경이 있었다. 그러나 종교의 자유를 얻게 되면서 순교자가 아니라 수도자와 학자들처럼 자신의 삶을 주님께 봉헌한 이들에 대한 공경이 늘기 시작했다. 한국 교회도 마찬가지로 순교자들에 대한 공경을

한국 103위 순교 성인화 전체도(문학진 作) ⓒ 한국천주교중앙협의회, 2024.

기본으로 하면서, 이제는 온 삶으로 신앙을 증거하고 교회에서 덕행을 보여 주었던 '증거자'들에 대한 공경을 함께 해 나갈 때이다.

한국 교회는 증거자의 시복 운동을 '하느님의 종' 최양업 신부로부터 시작했다. 마카오 임시 신학교에서 시작하여 참으로 어려운 신학생 시절을 거쳐 무려 14년간의 유학 생활 후에 사제 서품을 받고 조선으로 돌아온 최양업 신부는 전국 8도를 다니면서 12년간의 사목 생활을 하다 하느님 품에 안겼다.

124위 순교 복자화 전체도 ⓒ 한국천주교중앙협의회, 2024.

양 떼를 향한 최양업 신부의 사랑과 선교의 열정은 그분을 '공경해도 좋다.'라는 의미인 '가경자可敬者(Venerabilis)' 호칭을 드리기에 충분했다.

한국 교회가 가경자 최양업 토마스 신부 이후 '증거자'로서 브뤼기에르 주교를 '하느님의 종'으로 선택한 가장 큰 이유는 무엇일까? 그것은 무엇보다 브뤼기에르 주교의 자원自願과 용덕勇德이 한국 교회를 로마 교회의 일원으로 연결시켜서 비로소 세계 교회의 일원이 될 수 있게 했다는 점이다.

1831년 조선 대목구代牧區(Vicariatus Apostolicus)의 설정은 바로 제1대 대목구장 브뤼기에르 주교의 선교 열정 안에서 이루어질 수 있었다. 평신도의 기도 공동체로 시작된 한국 교회는 1801년 박해 이후 '30년의 목자 없는 시대'에 그토록 바라고 요청했던 목자를, 브뤼기에르 주교의 응답으로 찾아낼 수 있었던 것이다. 젊은이들이 교회를 떠나고, 종교와 신앙에 관심이 멀어지는 이 시대에 다시 선교의 열정으로 응답하는 브뤼기에르 주교의 모습은 하나의 모범이고 이 시대의 표징이 될 수 있을 것이다.

브뤼기에르 주교의 선교 열정

그렇다면 브뤼기에르 주교가 그토록 조선에 들어와 선교하고자 했던 그 열망은 어디에서부터 온 것일까?

무엇보다 브뤼기에르 주교는 신앙생활에 있어 조선 신자들의 어려움과 목자 없는 처지에 대해 잘 알고 있었기에, 조선 신자들에게 목자가 필요하다는 사실을 공감하고 있었다. 그래서 주교는 조선 선교에 관한 교황청의 제안에 즉시 자신이 찾아가겠다고 응답했던 것이다. 사실 인간적으로 보자면 이미 익숙해진 시암 대목구에서 대목구장직을 수행하는 것이 더 편했을 것이다. 그러나 그는 안주하지 않았다. 파리외방전교회 본부에서도 인력과 재정난 등으로 꺼려 했던 선교 지역에 자신이 나서서 들어가겠다고 선언하고, 그에 따른 여러 어려움들을 하나하나 풀어 가면서 조선을 향해 출발했다.

비록 그 선교 여정이 험난했고 결국 성공하지 못했으며 자신의 육신마저 소진했던 과정이었을지라도, 브뤼기에르 주교가 걸었던 그 길에서 조선 대목구가 시작되었고, 파리외방전교회 선교사들이 조선으로 들어올 수 있게 되는 촉매가 되었으며, 교황청과 조선 교회를 잇는 다리가 되었다. 그렇게 브뤼기에르 주교는 조선 교회가 체계적으로 발전해 나갈 청사진을 제시해 주었으며 무엇보다 오늘날 필요한 사제의 모습인 '찾아가는 선교 사제'의 모습을 보여 주었다.

브뤼기에르 주교의 이 선교 열정은 두 명의 사제를 연상시킨다. 바로 프란치스코 하비에르 성인과 가경자 최양업 토마스 신부다. 인도와 일본 선교 이후에 중국을 향해 가다가 선종한 하비에르 성인, 조선 전역의 교우촌을 순방하다가 길 위에서 쓰러져 선종한 가경자 최양업 신부, 이들과 같이 브뤼기에르 주교도 모든 장애를 지나 조선을 향해 들어가는 그 앞길에서 기진하여 쓰러지고 말았다. 그리고 만일을 대비하여 자신의 후배들에게 그 과업을 맡기어 지속적으로 조선 교회에 목자가 들어갈 수 있도록 안배해 주었다.

성 프란치스코 하비에르.   가경자 최양업 토마스 신부.

그의 순직은 순교 못지않게 우리에게 감동을 주고, 우리에게 선교 열정을 불러일으킨다.

한국 교회, 받는 교회에서 주는 교회로

브뤼기에르 주교가 조선으로 들어오는 여정을 바라보면 그 시대에 마치 아시아 지역의 네트워킹이 있었던 것만 같아 보인다. 태국 방콕에서 출발해서 말레이시아 페낭, 싱가포르, 필리핀 마닐라, 마카오를 거쳐 중국(복건, 산동, 산서, 내몽골)을 관통해 조선을 향해 들어오고자 했던 브뤼기에르 주교의 발자취는 아시아 교회를

2014년 프란치스코 교황의 방한(광화문 광장). 오늘날 한국 교회는 브뤼기에르 주교의 발자취를 좇아 과거의 받는 교회에서 베푸는 교회로의 전환을 모색하고 있다.

서로 연결하여 연대하고, 더 나아가 과거의 조선 교회가 받는 교회였다면 이제는 받은 것을 돌려주는 정신으로 아시아 선교를 해 나가라는 표지를 보여 준다.

물론 많은 이들이 지금의 교회 모습을 쇠퇴기라고 하면서 부정적으로 혹은 절망적으로 진단하기도 한다. 실제로 '코로나-19' 팬데믹 이후로 교회를 떠나는 젊은이들이 더 많이 늘었고, 아직 돌아오지 않는 이들도 많은 것이 사실이다.

그러나 브뤼기에르 주교가 활동했던 시대를 생각해 본다면 너무 걱정만 해서는 안 될 것 같다. 그때라고 지금보다도 모든 것이 더 풍성했겠는가? 조선 대목구가 설정될 때 조선 교회와 파리외방전교회가 선교사와 자금이 풍부했던가? 얼마나 부족했으면 파리외방전교회는 그 험한 조선 지역에 선교사를 보낼 수 없다고 포교성성에 부정적인 답변을 보냈겠는가?

그럼에도 그러한 부정적인 답변을 하나하나 반박하면서 풀어 갔던 브뤼기에르 주교를 생각해 본다. 태국에서 내몽골까지 결코 순탄치 않았던 여정에서 브뤼기에르 주교는 자신의 선교 열정을 드러낸 것이다. 이제는 한국 교회가 부족하다고 말할 수 없다. "나를 보내 주십시오. 아시아 지역에 선교사가 부족하다면 나를 보내 주십시오." 하고 말했던 브뤼기에르 주교처럼 응답해야 한다.

브뤼기에르 주교가 조선 교회에 들어왔더라면 어땠을까 상상해 본다. 브뤼기에르 주교는 시암 교구 사목 생활에서 신학교 운용, 본당 성무 활동, 외교인 유아 세례 등 다양한 사목 활동을 경험했다. 그러한 경험을 바탕으로 아마도 조선의 교우촌을 다니면서 신앙생활을 위한 체계적인 작업들을 해 나갔을 것이다. 그러한 성무 활동은 후배인 모방, 샤스탕 신부, 앵베르 주교에 의해 실제로 이루어졌다.

우리는 브뤼기에르 주교의 시복 운동을 전개하면서 동시에 장

성 모방 베드로(좌)   -1839년 9월 21일 새남터에서 순교.
성 앵베르 라우렌시오(중) -1839년 9월 21일 새남터에서 순교.
성 샤스땅 야고보(우)   -1839년 9월 21일 새남터에서 순교.
St. Maubant Pierre(Left)   -Beheaded at Saenamt'o on september 21, 1839.
St. Imbert Laurent(Middle) -Beheaded at Saenamt'o on september 21, 1839.
St. Chastan Jacques(Right) -Beheaded at Saenamt'o on september 21, 1839.

브뤼기에르 주교의 뒤를 이어 조선에서 활동한 성 모방 신부(좌), 성 앵베르 주교, 성 샤스탕 신부(우)의 초상화. 브뤼기에르 주교의 헌신적인 희생을 이어받은 모방 신부와 앵베르 주교, 샤스탕 신부는 조선 교회의 교세를 확장시키기 위해 노력했으나, 1839년 기해박해 시기에 새남터에서 순교했다.

차 교회에서 일할 일꾼들을 양성해야 한다. 과거의 모범만을 배우고 영웅으로 만들어 화석화하는 것이 아니라, 브뤼기에르 주교의 선교 열정이 오늘날에 바람을 일으키도록 전개해야 한다. 어쩌면 브뤼기에르 주교의 시복 운동을 펼치는 가장 큰 이유는 여기에 있을 것이다.

이제 브뤼기에르 주교의 사목 표어대로 선교의 열정이 이 시대에 새로운 바람을 일으키도록 청해 본다.

"가서 모든 민족을 가르쳐라Euntes Docete Omnes Gentes."(마태 28,19-20 참조).

그림·사진 출처
표지, 13, 51, 58, 62, 64, 131, 133, 134-135, 143쪽 ⓒ 한국교회사연구소.
33, 34, 49쪽 ⓒ 한국천주교주교회의.
37쪽(우) ⓒ 양업교회사연구소.
38쪽 ⓒ 천주교서울대교구.
45쪽(좌, 우), 95쪽(상, 하) ⓒ 한국천주교순교자박물관.
40, 52쪽 구주경 作 ⓒ 미리내103위시성기념성당.
61쪽 ⓒ 가톨릭신문사.
101, 120, 124, 127쪽 ⓒ 한수산.
102, 104, 114, 118, 132쪽 ⓒ IRFA(프랑스-아시아연구소).

1장

조선의 상황

브뤼기에르 주교가 조선으로의 입국을 시도할 때, 당시 조선의 상황은 어떠했을까. 조선의 신앙인들이 처음 천주교를 접하고 수용한 1770년부터 조선 대목구가 설립된 1831년까지 조선의 상황들을 간략하게 짚어 본다.[3]

신앙의 빛이 조선에 들다

1770년(영조 46년), 홍유한洪儒漢이라는 선비가 천주교 서적을 얻어 스스로 공부하며 세속의 일을 버리고 기도와 묵상을 하며 지냈다. 그는 7일마다 오는 축일의 개념을 깨달아 7, 14, 21, 28일을 주일처럼 경건하게 지냈으며, 기도에만 전념하였다. 홍유한은 천주교를 단순한 학문으로 받아들인 것이 아니라 우주와 세상의 이치를 밝혀 주는 신앙적인 관점으로 받아들였다. 교회는 홍유한

 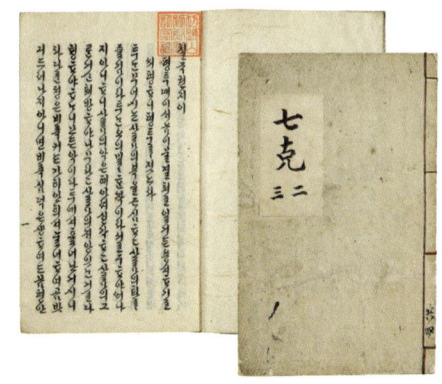

대표적인 초기 교리서였던 『천주실의』.   초기 교리서 중 하나인 『칠극』.

이 '화세火洗(세례를 받지 못했어도 그의 원의와 열정으로 은총을 받는 것)'를 받았다고 보아, 그를 한국 교회 '최초의 수덕자修德者'로 인정한다.

　이후 남인 계열이자 성호학파 출신의 사람들에 의해 천주교 교리에 대한 연구가 이어졌다. 1779년 권철신, 정약전, 이벽 등은 주어사走魚寺에 모여서 『천주실의天主實義』와 『칠극七克』[4] 등을 공부했으며, 그 과정에서 천주교 신앙에 대한 관심도 높아져 조선의 사회 규범이던 유교의 한계를 천주교로 극복할 수 있을 것이라는 희망을 품게 되었다.

　그들 중 이벽은 교리에 대한 갈망이 더 깊었다. 때마침 동료 이승훈의 아버지가 청나라의 수도 북경에 부연사赴燕使의 사절로 방문하게 되자, 이벽은 이승훈에게 북경에 가서 교리를 배운 후, 세례도 받고, 책들을 구해 와 달라고 부탁을 했다. 1783년 11월 한양을 출발한 이승훈은 1784년 1월 13일 북경에 도착해 그곳에 머무르며 북당北堂[5]에서 필담으로 수학과 천주교 교리를 배우기 시작했다.

한국 교회의 시작

본래 이승훈은 학문의 관점에서만 천주교에 관심을 두었을 뿐, 입교할 생각은 없었다. 그러나 북경에서 교리를 배우면서 자진해서 세례를 청했고, 그라몽J.-J. Grammont(중국명 梁棟材, 1736-1812년) 신부에게 베드로라는 이름으로 세례를 받았다. 조선 교회의 반석이 되라는 의미였다. 1784년 봄, 이승훈은 천주교 서적과 성상, 묵주 등을 갖고 한양으로 돌아왔다.

이승훈은 동료인 이벽과 함께 천주교 서적을 연구하고, 친척과 지인들에게 신앙을 전파했다. 당시 전교의 대상은 학문적 연구를 공유할 수 있는 양반과 중인 계층이 대부분이었다. 1784년 9월 이승훈은 이벽과 권일신 등에게 세례를 주었다. 한국 천주교회는 세례를 통해 신앙 공동체가 형성된 1784년을 한국 교회의 시초로 기념한다.

명례방 사건

그러나 1785년 한양 명례방明禮坊(지금의 명동 성당 인근) 김범우의 집에서 모임을 하던 김범우와 이승훈, 정약용 등 참석자 전원이 도박(투전) 단속을 하던 형조에 체포되었다(명례방 사건). 당시 조정은 대부분의 구성원인 양반들을 훈방시켰으나, 모임 장소를 제공했던 중인中人 출신 김범우에게는 배교를 강요하며 고문을 가하고 유배를 보냈다. 김범우는 그 후유증으로 귀양지에서 사망해 조선 교회의 첫 번째 희생자가 되었다.

제도의 정비와 시련의 암운

이승훈이 배교를 공언하고 양반 출신 교인들도 명례방을 떠나 최초의 신앙 공동체는 붕괴되고 말았지만, 이듬해 회심한 이승훈 등이 다시 조직을 만들어 신앙생활을 이어 나갔다. 그들은 이승훈을 주교로 세워 열 명의 신부를 뽑아 고해성사와 미사 집전 등을 진행했다. '가성직 제도假聖職制度'라고 부르는 이러한 체제는 2년간 이어졌다.

그러던 중 성직자단으로 활동하던 한 인물이 더 열심히 미사성제를 봉헌하고 성사를 거행하기 위해서 천주교 교리를 연구하다가 자신들이 행하는 성사 거행이 서품도 받지 않고 행하는 '독성

북경 교구장 구베아 주교.

罪潰聖罪'가 된다는 것을 깨닫게 되었다. 그는 이승훈에게 편지를 보내어 이 사실을 알렸다. 이승훈은 1789년 윤유일을 밀사로 보내어 북경에 있는 선교사를 만나도록 했다. 윤유일은 북경에서 로 Raux(중국명 羅廣祥, 1754-1801년) 신부를 만나 세례를 다시 받고 나서, 다시 구베아 Gouvea(중국명 湯士選, 1751-1808년) 주교를 찾아가 의견을 구하는 서한을 전달하였다. 주교는 선교사를 보내겠다는 약속과 더불어 가성직 제도와 조상에 대한 제사를 금지하라는 답신을 보냈다. 그러면서 조선 신자들을 위로하면서 상등통회上等痛悔에 의지하며, 기도하며 기다리라는 당부를 하였다. 또한 구베아 주교는 1790년 10월 6일 비오 6세 교황에게 조선의 사정을 최초로 보고하여, 조선이라는 왕국에 기적적으로 복음이 전해졌음을 알렸다.

1790년대 이후, 조상을 모시는 제사가 금지된 것에 부담을 느낀 양반 계층의 신자들이 천주교 신앙을 버리기 시작했다. 유교 문화에서 제사 거부는 구성원의 지위와 상속에 대한 포기를 의미했으며, 가문을 유지하는 사회적 기반을 포기한다는 의미였기 때문이다. 그 결과 중인 이하 계층의 인물들이 교회의 지도층을 형성하기 시작했다.

진산 사건과 최초의 박해

1791년(정조 15년) 진산의 선비 윤지충과 그의 외사촌 권상연이 유교 제례를 따른 조상 제사를 거부하는 '진산 사건'이 일어났다. 이는 곧 추문推問으로 이어져 윤지충과 권상연은 전주 남문 밖(지금의 전동 성당)에서 참수당했다(신해박해). 이들은 한국 천주교회의 첫 순교자가 되었다. 한편 이 사건의 영향으로 이승훈과 권일신이 다시 구속되었다가 배교하였으나, 권일신은 귀양을 가던 중 고문 후유증으로 사망했으며, '효孝'를 중시하던 당시 조선 사회가 제사 거부를 효를 부정하는 행위로 규정(無父無君)하면서 효와 '충忠'을 동일시하던 양반 집단의 천주교 탈주는 가속화되었다.

한편 조선으로 선교사 파견을 약속했던 북경의 구베아 주교는 1791년 마카오 출신의 오吳 요한 레메디오스 신부를 파견하려 했으나, 진산

복자 주문모 야고보 초상화
© 한국천주교중앙협의회, 2024.

사건으로 인해 조선으로 입국할 수 없어 포기해야 했다. 그러나 1794년 구베아 주교는 중국인 주문모周文謨(야고보, 1752-1801년) 신부를 조선으로 파견했다. 주문모 신부는 조선에 들어간 최초의 외국인 선교사가 되었다. 주문모 신부의 활약으로 1794년 당시 4,000명 수준이던 신자 수는 1800년에는 1만 명에 이를 정도로 성장하였다.

　이러한 교회의 성장을 경계하던 조선 조정은 1801년(순조 1년) 신유박해를 일으켰다. 애초 당쟁에서 시작한 신유박해는 정적政敵을 제거한 후에도 그치지 않고 지방 교회의 탄압으로 이어졌다. 주문모 신부가 청나라로 탈출 직전에 신자들을 걱정해 마음을 돌려 의금부에 자수한 후 새남터에서 순교하였고, 대다수 교회 지도자들이 체포되어 처형되거나 유배를 떠났다.

황사영 백서 사건

　초기 교회의 주요 지도자였던 황사영(1775-1801년)은 2월 체포령이 내려진 후 제천 배론舟論으로 도피해 숨어 살았다. 황사영은 당시 박해 상황을 알리고 북경의 구베아 주교에게 도움을 요청하기 위해 '백서帛書'를 만들어 전달하려 했다.

　백서에는 주문모 신부의 활동과 순교, 조선 순교자들의 약전

황사영 백서.

을 기록했으나, 조선 선교를 위해 서양 세력을 이용해 무력으로 시위할 것을 요청하는 내용도 포함되어 있었다. 그러나 백서는 북경으로 전달되지 못했다. 전달책이던 황심과 작성자인 황사영은 체포되어 한양으로 압송되었고, 황사영은 최고의 형벌인 능지처사형을 당했다.

시련의 시대, 새로운 시작

천주교를 '사교邪敎'로 규정하고 탄압해 왔던 조선 조정은 '백서 사건'으로 탄압을 더욱 강화해 교회는 큰 타격을 입었다. 그러나 그렇게 흩어진 교우들로 인해 천주교 신앙은 더욱 널리 전파되

조선에 사제를 영입하기 위해 적극적으로 노력했던 성 조신철 가롤로(좌), 성 정하상 바오로, 성 유진길 아우구스티노(우)는 1824년(혹은 1825년) 교황청에 사제 파견을 요청하는 편지를 썼다. 1826년 10월부터 두 달간 마카오에서 머물던 브뤼기에르 주교는 이 편지의 내용을 듣고 조선 선교를 희망한다.

었고, 정하상, 신태보, 유진길, 조신철 등은 북경을 직접 방문하거나 밀사를 보내 조선 교회의 현실을 알리며 지원을 요청했으며, 1811년과 1824년(혹은 1825년)에는 교황청에 성직자 파견을 요청하는 서한을 보내기도 했다.

그 결과 1827년 교황청 포교성성의 카펠라리 추기경(훗날의 교황 그레고리오 16세)은 파리외방전교회에 조선으로의 선교사 파견을 권고했지만, 파리외방전교회는 현실적인 이유를 들어 선뜻 조선 선교에 나서려고 하지 않았다. 그러자 당시 시암 대목구(방콕)에서 활동하던 브뤼기에르 신부는 1829년 교황청의 조선 선교 권고에 자원하였고, 이에 1831년 9월 9일 교황 그레고리오 16세는 조선 대목구[6]를 신설하고 초대 대목구장에 브뤼기에르 주교를 임명하기에 이르렀다.

2장

브뤼기에르 주교의 생애

　1930년대 저술된 브뤼기에르 주교의 전기에는 브뤼기에르 주교의 외모에 관한 언급이 등장한다. 그의 키는 평균보다 작았고, 조금 연약한 체격과 금발 머리, 푸른 눈동자와 거무스름한 안색을 지녔다고 한다. 몸과 얼굴을 가리는 변장을 하더라도 그의 푸른 눈은 그가 외국인임을 쉽게 드러냈으며, 어쩌면 그러한 외모가 그를 중국과 조선의 박해 상황에서 선교사로 선뜻 모셔 오기 어려운 이유였을지도 모른다.

　내적인 면에 있어서 그는 매우 총명했고, 강한 열정을 지닌 사제였다. 브뤼기에르 주교의 지도 신부는 그의 엄청난 에너지와 독립적인 성격에 대해서 다음과 같은 명언을 남겼다.

　"그가 만일 주교가 된다면 그의 좌우명은 '사람들의 생각과 말에

상관없이 나는 항상 앞으로 나아갈 것이다.'가 될 것입니다."

그의 스승이 본 것처럼 브뤼기에르 주교는 조선 대목구를 향해서 항상 앞으로 나아갔던 이였다.

주교의 고행은 그의 기도 생활과 깊이 관련이 있었다. 그는 금욕적인 삶을 이어 가며 주님의 축복과 은총을 전하는 데 헌신적인 사제였다. 파리외방전교회로 떠나기 전에는, 카르카손 신학교에서의 마지막 해에 빵과 물만 먹으며 보냈다. 어려움 속에서 하느님의 섭리를 발견하고, 고통과 위협 속에서 기쁨으로 어려움을 받아들일 줄 아는 강인한 희생정신을 보여 주었다. 이것은 마치 바오로 사도가 "나는 그리스도를 위해서라면 약함도 모욕도 재난도 박해도 역경도 달갑게 여깁니다. 내가 약할 때에 오히려 강하기 때문입니다."(2코린 12,10)라고 고백한 것과도 같다.

브뤼기에르 주교의 첫 선교지는 오늘날 태국의 수도인 방콕과 그 인근을 관장했던 시암 대목구였다. 그곳에서 그는 주교로 임명되었는데, 그는 스승이 예상했던 '앞으로 나아갈 것이다.'라는 문장이 아닌, "가서 모든 민족을 가르쳐라 Euntes docete omnes gentes."라는 마태오 복음서의 선교 사명을 사목 표어로 선택하였다. 그의 문장紋章에는 주교를 상징하는 모자와 술이 있고 그 아래 하늘

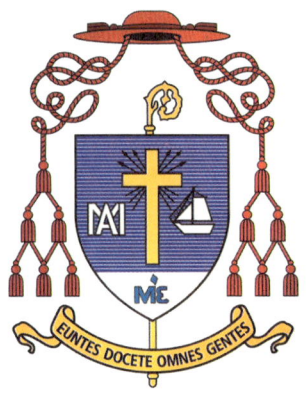

브뤼기에르 주교 문장.

색 바탕의 방패 모양에는 한가운데 그리스도의 상징이 새겨진 빛나는 라틴 십자가, 그 왼편에는 성모님 Ave Maria의 머리글자를 겹친 문양, 오른편에는 배 모양이 꾸며져 있었다.

  이는 곧 성모 마리아와 함께 가는 교회라는 방주를 표시한 것이다. 아래에는 ME, 곧 파리외방전교회 Missions Etrangères de Paris의 약자와 작은 십자가, 그 밑에 사목 표어인 마태오 복음서 28장 19-20절의 라틴어 성경 구절(Euntes Docete Omnes Gentes)이 적혀 있다. 그의 마지막 이상은 어떠한 대가를 치르더라도 순교에 이르러서 모든 영혼들과 특히 비신자들의 구원을 위해 하느님의 뜻을 이루는 것이었다.

1. 어린 시절에서 사제 서품까지

브뤼기에르는 프랑스 남부 도시 나르본의 시골 마을 레삭 도드에서 태어났다. 레삭 도드는 많은 성인을 배출한 신심 깊은 지역이었다. 농부의 가정에서 열한 번째 아들로 태어난 그는 어느 날 어머니에게 "어머니, 아직 열 자녀가 남았으니 열한 번째인 저를 선하신 주님께 바치시면 됩니다!"라고 적은 편지를 보내며 자신의 성소를 표현했다.

브뤼기에르는 자신의 이름과 같은 바르톨로메오를 주보 성인으로 하는 레삭 도드 본당에서 세례를 받았다. 열두 사도 중 한 명인 성 바르톨로메오는 성 토마스 사도와 함께 아시아의 복음화에 이바지한 인물이었다. 브뤼기에르 역시 아시아 선교를 위해 자신을 봉헌하게 된다.

브뤼기에르는 어린 시절부터 프랑스 혁명의 박해 기간 동안 고난을 견디어 낸 사제들과 신자들의 뛰어난 행동에 대한 이야기를 들으며 성장했다. 신학생 시절과 신학교 교수 시절에 알게 된 동아시아 지역 신자들의 신앙과 순교의 삶 또한 그에게 선교의 열정을 불러일으켰다.

"조선 선교에 대한 소식을 처음 들었을 때, 저는 프랑스에 머물러 있었고 그때는 매우 어린 나이였습니다. 그 당시 조선의 새 신도들이 사제가 없이 불쌍하게 버려진 상황에 대한 소식은 그들에게 가고자 하는 큰 열망을 제게 불러일으켰습니다."

브뤼기에르가 중등 교육을 받을 나이가 되자 부모는 그를 카르카손 소신학교로 보냈다. 소년 브뤼기에르는 학업 기간 동안 스승들과 친구들에게 깊은 인상을 남겼기에 모두들 그가 교사가 되어서 다시 소신학교로 돌아오기를 바랐다.

소신학교를 졸업한 브뤼기에르는 카르카손 신학교에 입학해 1812년에 삭발례를 받았고, 1814년 3월 26일 '차부제' 곧 대품[7]을 받아 성직자의 부르심에 응답했다. 22세의 나이에 차부제품을 받으면서 브뤼기에르는 성무일도를 바칠 때마다 부모와 친구들을 잊지 않겠노라고 스스로와 약속을 했다. 그 후 브뤼기에르

프랑스 레삭 도드에 위치한 브뤼기에르 주교의 생가.

는 카르카손 소신학교 3학년생들의 담당 교사로 임명되었다. 당시에는 사제품을 받은 교사가 부족했기 때문에 채 사제품을 받기도 전에 교사로 임명된 것이었다.

교사로 재직 중이던 브뤼기에르는 1815년 6월 4일 카르카손

브뤼기에르가 바르톨로메오라는 이름으로 유아 세례를 받은 레삭 도드 성당.

성당에서 부제품을 받았고, 1815년 12월 23일 마침내 사제품을 받았다. 아직 만 24세가 되지 않은 나이였지만, 교황의 특전으로 사제품을 받고 성탄절 미사를 봉헌하는 기쁨을 누릴 수 있었다.

브뤼기에르 신부는 소신학교의 교사로 재직하는 동안 학생들을 하느님께 인도하고 그리스도교적 덕행을 실천하도록 양성하였으며, 성경 공부에 부지런히 힘쓰도록 가르쳤다. 예수 그리스도의 제자로서 그는 자신의 사제적 이상이었던 "하느님께서 온 세상 어디에서나 다스리시고 승리하실 수 있도록 고난을 받고 죽는" 삶을 더욱 열정적으로 실현하기 시작했다.

2. 서품과 선교의 열망

　가족과 함께 고향의 본당에서 첫 미사를 봉헌한 후, 새 신부 브뤼기에르는 소신학교에서 수업을 이어 갔다. 그곳에서 3년을 더 보내면서 모두 5년을 교사로 재직한 후, 대신학교의 철학 교수로 임명되어 철학 과목의 학과장직을 맡았다. 그의 나이는 겨우 26세였고, 사제품을 받은 지 4년밖에 지나지 않았을 때였다. 그러한 재능과 헌신을 인정받아 교회는 그에게 명예 참사위원Chanoine Honoraire이라는 칭호를 수여했다. 그즈음에 브뤼기에르는 부모님께 쓴 편지에서 처음으로 선교사의 소명에 대한 뜻을 밝혔다.

　"하느님께서 당신의 계획을 알리실 때 우리는 그 계획을 실행하는 데 있어서 주저함을 보여서는 안 됩니다. 하느님께서 우리가 프랑스가 아닌 다른 곳에서 일하기를 바라실 때 우리는 프랑스에서도

파리외방전교회 본부.

선한 일을 할 수 있다고 말할 수 없습니다. 이 선한 계획은 우리 자신의 뜻에 의해서 이루어져서는 안 됩니다. 그리고 하느님 계획에 불순종함으로 인해 한 (나라) 지방 전체에서 구원의 진리를 배우지 못하고, 가난한 민족들을 불행한 운명에 처하도록 내버려두기를 원하는 사제는 없습니다. 그런 사제가 있다면 그는 어떤 사제일까요?"

브뤼기에르는 선교사라는 자신의 소명에 확신을 가졌고, 어떠한 장애물도 이겨 내겠다고 다짐했다. 그는 교구에서 보장하던 자신의 영예와 애착들을 희생할 준비가 되어 있었다. 선교사가 되기 위해서는 교구장의 승인이 필요했다. 이전 교구장은 그를 선교사로 보내는 것을 승인하지 않았지만 새로 교구장이 된 롬-가비 de Ste. Rome-Gaby 대주교는 허락해 주었다.

선교사가 되기 위해서는 파리외방전교회에서 선교사 교육을 받아야 했다. 브뤼기에르가 선교사가 되기 위해 떠날 마지막 출발 시간은 다가오고 있었다. 여름 방학을 맞이한 그는 부모님에게 선교사로 떠난다는 말 대신, 카르카손으로 가서 새로운 임명을 받을 것이라고 거짓말을 했다. 이는 부모의 마음을 덜 아프게 하려는 효심에서 나온 행동이었다. 브뤼기에르는 부모와 친구, 마을과 성당을 떠나면서 그들에게 이별의 고통을 주고 싶지 않았다. 대신 가족들을 위로하기 위해서 자주 편지를 쓰기로 했다. 그는 그토록 고통스러운 조선을 향한 여정 중에도, 선종하기 한 달 전까지 어머니에게 편지를 썼다.

브뤼기에르는 신학교 원장을 마지막으로 방문한 후 외방전교회가 있는 파리로 향했다. 그는 정기적으로 파리외방전교회 안에 있는 순교자의 방을 찾아가 순교 성인들의 유물과 고문 도구들 앞에서 묵상하면서 선교사가 되기 위한 힘과 용기를 얻었으며, 영혼을 구원하기 위해 자신도 피를 흘리는 은혜를 얻도록 하느님께 기도했다. 약 5개월 동안의 수련 기간을 마친 브뤼기에르는 장상들이 선교지를 정해 주기를 기다렸다.

감동적인 작별 예식에 참여한 후 브뤼기에르는 1826년 2월 초 파리를 떠나 1826년 2월 24일 보르도에서 아시아의 마카오, 페낭으로 가는 배 '에스페랑스(Espérance, 희망)호'를 타고 7-8개월의 긴 여정 끝에 파리외방전교회 대표부가 있었던 마카오에 도착했다.

3. 시암 대목구로의 부임과 조선 선교 자원

파리에서 출발할 당시, 브뤼기에르 신부에게 본래 배정된 선교지는 지금의 베트남 남부 지역에 해당하는 코친차이나 Cochin China 대목구였다. 그러나 1826년 10월 중순 무렵 그가 마카오에 도착한 후에, 대표부의 바루델 Jean Baroudel(1779-1847년) 신부는 신임 선교사 브뤼기에르 신부의 행선지를 시암 대목구로 변경하였다. 선교사가 더 긴급히 필요해 인원을 충원해야 할 곳은 코친차이나가 아니라 시암이라는 이유에서였다.

그토록 열망했던 이교도의 땅 시암 선교지에 갈 준비를 하던 브뤼기에르는 포교성성 대표부의 움피에레스 신부와 프랑스 라자리스트회 선교사 라미오 신부를 만나면서 조선 교우들이 선교사들을 보내 달라고 청원한 편지에 대해서 듣게 되었다. 1824년 말 동지사로 북경에 왔던 유진길과 정하상이 전한 이 편지는 한문으로 작성되었으며 움피에레스 신부가 라틴어로 번역을 하고, 라자리스트회 소속으로 한문에 뛰어난 라미오 신부가 번역문을 검토했다. 이 편지의 번역이 끝난 날짜는 1826년 11월 29일로 기록되어 있다. 브뤼기에르 선교사는 첫 부임지인 시암 대목구의 페낭을 향해 가는 도중 카르카손 교구의 총대리 드 귀알리de Gualy 신부에게 이 소식을 전했다.

"중국 동북쪽에 조선이라 불리는 왕국이 있습니다. 지금 세기(19세기)의 초반에 북경에서 개종한 어느 조선인 청년(이승훈 베드로)의 열성으로 천주교가 이 나라에 전래되었습니다. 그는 자기 나라에 돌아가서 자기네 동포들의 사도가 되어 많은 사람을 개종시켰습니다. 자신의 열성으로 그는 순교자가 되기에 충분했습니다. 교회

마카오 전경(1870년).

의 도움을 얻지 못한 신입 교우들은 북경의 주교에게 사제를 보내 달라고 호소하였습니다. 그 고위 성직자는 사제 한 명(주문모 신부)을 조선의 신입 교우들에게 파견하였고, 그는 이 민족을 개종시키는 일을 성공적으로 수행하였습니다. 하지만 그는 도착한 지 몇 년 지나지 않아 붙잡혀 순교하였습니다. 신앙을 받아들인 조선인들은 그때부터 매년 정기적으로 북경에 대표단을 보내어 성직자를 요청했으나 매번 무위로 돌아가고 말았습니다. 북경의 주교가 처한 상황에서 그들의 요구를 충족시키기란 불가능한 일이었기 때문입니다. 조선의 교우들은 1817년에 같은 목적을 가지고 로마에 편지를 썼습니다. 그들은 올해도 또 편지를 보냈습니다. 제가 마카오에서 만났던 포교성성 대표부 신부님은 그 편지에 대해서 말해 주셨습니다. 그 신부님은 열의와 용기로 가득 찬 프랑스 사제가 이토록 거룩한 계획에 헌신하면 어떻겠는가 하는 바람을 내보였습니다. 이 소명을 받을 성직자는 아마도 분명코 하느님의 영광을 위하여 많은 것을 감내하는 기쁨을 누릴 것입니다. 그는 썩 훌륭하게 개종 사업을 이룰 것이며, 몇 해 지나지 않아 순교의 화관을 얻게 될 것입니다. 몇 번이나 저는 이 민족을 도우러 가고 싶었습니다. 그러나 저는 맡겨진 임지에 남아 있어야 하지 않겠습니까? 임지를 버리고 다른 곳으로 간다면, 마음이 항구하지 못함을 드러내는 일이지 않겠습니까? 그럼에도 불구하고 만약 포교 성성에서 유럽의 사제들에게 호소하듯이 우리에게도 호소한다면, 저는 그 즉시 조선으로 떠나겠습니다."[8]

이때는 아직 시암 대목구의 첫 임지를 향해 가던 중이었기에, 브뤼기에르 신부는 조선 선교지에 관심은 있을지언정 선뜻 그 어려운 지역을 먼저 가겠다고 자원하지는 않았다. 그런데 마지막 대목에서 보이는 것처럼, 파리외방전교회가 조선 선교지를 맡게 된다면 자신은 즉시 그곳으로 가겠다는 열망을 강하게 드러내고 있다. 브뤼기에르 신부는 이전부터 조선 교회에 대해 알고 있었고, 첫 부임지인 시암 대목구로 가던 길에도 조선 선교에 대한 열망을 갖고 있었던 것으로 보인다.

조선 선교지는 1690년 이래 포르투갈의 선교 관할권 Padroado[9] 교구인 남경南京 교구에 속해 있었지만, 조선인 신자가 생겨나면서 1792년 4월 북경 교구장인 구베아 주교에게 위임되어 북경 주교의 지도하에 있었다. 그러나 신유박해로 주문모 신부가 순교한 이후 북경으로부터 성직자는 더 이상 파견되지 못했으며, 1826년부터 북경 교구까지 관할하게 된 남경 교구장 피레스-페레이라 주교는 조선 선교지에 선교사를 파견하는 문제에 적극적이지 않았다.

당시 마카오 주재 포교성성(현 인류 복음화부) 대표부에 있으면서 중국 교회의 이러한 상황을 잘 알고 있었던 움피에레스 신부는 조선 신자들이 1824년(혹은 1825년)경 교황에게 보낸 서한을 라틴어로 번역하여 교황청에 전달하면서 조선을 북경 교구로부터 분리하여 새로운 수도회에 맡길 것을 건의하였다. 그리하여 마카오에서 번역된 서한이 로마의 포교성성 장관이자 후에 그레고리오 16세 교황이 되는 카펠라리 추기경에게까지 전달되었다. 조선 교우들의 편지와 움피에레스의 의견을 듣고 십분 공감한 카펠라리 추기경은 유럽에 있는 선교회들 가운데 조선 선교를 담당할 곳을 찾아보고자 했다.

처음 제안을 보낸 곳은 예수회였다. 그러나 1773년 해산되었다가 1814년 복권되어 재건 중이던 예수회는 선교사가 부족하다는 이유로 조선 선교를 맡기 어렵다고 답했다. 이어서 조선 선교를 제안했던 곳은 파리외방전교회였다. 파리외방전교회는 프랑스 혁명 이후 어려운 시기를 겪었지만, 조금

제22대 교황청 포교성성 장관인 카펠라리 추기경은 파리외방전교회에 조선 선교를 제안했다. 이후 그레고리오 16세 교황으로 즉위한 그는 조선 대목구를 설정했다.

씩 회복하는 중이었다. 카펠라리 장관이 보낸 편지에 파리외방전교회 신학교 교장인 랑글루아 신부가 보낸 부정적인 답장에는 다음과 같은 네 가지 사항이 해결되어야 대답을 할 수 있다는 내용이 포함되어 있었다.

> 첫째, 현재의 관할 선교지에 지장 없이 선교사가 보충될 것인가.
> 둘째, 선교를 위한 비용을 감당할 수 있는가.
> 셋째, 조선으로 들어갈 수 있는 길이 있는가.
> 넷째, 현재 선교지의 장상들이 이 새로운 임무를 받아들일 것인가.

카펠라리 추기경은 다시 서한을 보내어 조선 선교지를 위해 초기에 필요한 비용을 포교성성이 상당 부분 지원하겠다고 밝혔고, 조선 입국로에 관한 문제를 해결하기 위해 여러 정보와 함께 유진길의 서한 번역문을 동봉해 보내 주었다. 랑글루아 신부는 이에 대한 답장으로 포교성성에서 제공한 입국로 정보를 검토해 보니 안전성이 거의 없고, 실행 불가능하다는 점을 들어 마카오를 통해서 좀 더 정보를 알아보겠다고 응답했다. 포교성성의 적극적인 움직임에 파리 신학교에서는 아시아 지역의 선교사들에게 공동 서한을 발송하여 의견을 구했다. 다음은 파리외방전교회 본부가 보낸 공동 서한의 내용이다.

"[포교]성성은 얼마 전에 조선 선교지를 맡아 달라는 제안을 우리에게 하였습니다. 이 왕국을 자신의 재치권 아래에 두고 있는 북경의 전반적인 상황은 조선의 교우들에게 복음의 일꾼들을 보내기에 불가능한데, 조선 교우들은 교황께 자기들에게 사제를 보내 달라고 간청하는 편지를 여러 차례 썼다는 것입니다. 이 문제에 관해서 우리에게 온 첫 번째 서신에 대해서 우리가 보낸 답변은 이렇습니다. 그 제안은 진지하게 고려되어야 하며, 검토할 사항은 네 가지입니다. 첫째, 우리는 우리의 다른 선교지들에 해를 끼치지 않고도 조선으로 보내기 충분한 인원을 보유하고 있는가? 둘째, 우리는 이 경비를 감당하기 충분한 재원을 가지고 있는가? 셋째, 선교사들을 조선으로 들여보내는 방법들이 있는가? 넷째, 우리 선교지들의 대목구장들과 장상들이 이 새로운 과업에 동의할 것인가? 첫째 조항에 대해서는 다음과 같이 답했습니다. 우리 선교지들도 여전히 일꾼이 부족합니다. 그러나 만약 우리 신학교에 얼마 전부터 그런 것처럼 지원자 숫자가 계속 많아진다면 우리 선교지에 충분한 인원을 보낼 수 있게 될 뿐만 아니라 몇 년 뒤에는 새로운 선교지를 맡을 수 있게 될 것입니다. 둘째 조항에 대해서는 우리가 보유한 재산에서 확보한 약간의 재원으로는 우리 선교지들을 유지하기에도 충분하지 않습니다. 만약 우리가 후원금을 받지 못한다면 목적을 달성할 수 없을 것입니다. 그러므로 우리는 다른 재원을 확보하거나 더 많은 후원금을 받지 못한다면 새로운 사업을 벌일 수 없습니다. 만약 우리가 조선을 맡게 된다면, '선교 후원회l'association de la propagation de la foi'는 아마도 자신들이 거두어서 아시아와 아메리카의 선교지들에 나누어 주는 후원금에서 더 많은 부분을 우리에게 할당하겠지요. 그러나 이 재원으로는 조선 선교지를 이끌어 가는 데 필요할 엄청난 경비를 감당하기에는 부족할 것입니다. 그나마 이 재원은 언제나 불확실합니다. 선교 후원회는 후원을 완전히 중단할 수도 있고 대폭 삭감할 수도 있기 때문입니다. 조선에 들어가기 어렵다는 셋째 조항에 관해서 말씀드리자면, 조선은 우리의 다른 선교지들로부터도 멀리 떨어져 있습니다. 그리고 연락할 방법도 없습니다. 육지로 가려면 중국 전역과 타타르 지역의 많은 곳을 통과해야 합니다. 바다로 가자면 유럽의 어떤 나라도 바다로 조선과 교역을 하려고 하지 않기 때문에 중국의 [미판독]이 필요할 것입니다. 마지막으로 넷째 조항에 관해서는 우리 선교지의 대목구장들과 장상들이 아마도 이 사업은 감당할 수 없으며, 자기들에게 파멸을 안겨 준다고 우려할 것이라는 점을 숨기지 않았습니다. (중략) 당분간 우리가 할 수 있는 일은 이 불쌍한 교우들에게로 갈 수 있는 길을 열어 주시도록 천주께 기도하는 것과 마카오에 있는 우리 대표부 신부에게 편지를 보내 할 수 있는 대로 최대한의 정보를 수집하여 이 어려운 계획에서 주의할 것이 무엇이며 희망적인 것은 무엇인지를 알려 달라고 하는 것입니다."[10]

당시 파리외방전교회의 아시아 지역 선교사는 인도의 퐁디셰리, 시암(태국), 통킹(베트남 북부), 코친차이나(베트남 남부), 중국의 사천 四川, 마카오 대표부 등지에서 활동하고 있었다. 대부분의 선교지는 천주교 금지 조처하에서 박해를 받고 있었고, 선교사들도 매우 부족한 실정이었다. 또한 조선 선교에 부정적이던 파리 본부의 입장으로 보았을 때, 파리외방전교회의 조선 선교는 사실상 어려운 상황이었다.

그러나 1829년 5월 19일, 브뤼기에르 신부가 쓴 편지는 이 모든 것을 뒤바꿔 놓았다. 조선 선교 열망이 있었던 브뤼기에르는 이 사안을 매우 다각적으로 살펴보면서 이를 하나하나 반박하고 대안들을 제시하는 서한을 써 내려갔다.

"친애하는 동료 신부님 여러분,

저는 여러분이 모든 선교지에 보낸 공동 서한을 읽고서, 포교성성에서 조선을 여러분에게 제안하였다는 것과 적어도 현재로서는 여러분이 이 제안을 받아들이기 주저하고 계시다는 것을 알았습니다. 자금이 부족하다는 점, 선교사의 수가 적다는 점, 현재 우리가 맡고 있는 선교지에도 부족한 것들이 많다는 점, 조선으로 들어가는 데 거의 극복할 수 없을 정도로 어려움이 크다는 점, 이 불쌍한 조선의 새 신자들이 선교사들을 받아들이기 위해 알려 준 입국 방법이 불충분하다는 점 때문에 여러분들은 이 일을 더 좋은 시기로 미루려고 하시는 것 같습니다. … 플로랑 주교님은 우리 파리외방전교회가 되도록 빨리 이 새로운 선교지를 맡게 되기를 진심으로 원하십니다. (중략)

1. 우리는 기금이 없다. 그러나 사실상 전교회에서 보내 주는 후원금으로 경비를 충당할 것 아닙니까? 게다가 몇 해 동안은 포교성성에서 보조금을 제공하겠다고 합니다. … 내일 닥칠 일을 너무 걱정하여 섭리를 모욕하지 말라고 제자들에게 말씀하신 주님께서 새로운 재원을 마련하여 주실 것입니다. 일찍이 우리 신학교가

불가능한 일이라고 해서 무엇을 거부한 적이 있었습니까? 모든 것이 절망적으로 보였던 시기에 우리가 맡고 있던 선교지들 가운데 하나라도 포기한 적이 있었습니까? … 그런데 지금에 와서 우리 하느님의 힘이 약해지셨다는 말입니까? 아니면 우리의 신앙과 확신이 줄어들었다는 말입니까?

2. 우리는 선교사가 없다. 제가 보기에 이것은 우리가 내세울 수 있는 이유 중에서도 가장 설득력이 없는 것입니다. … 「교훈이 되는 새 서한집」의 '조선' 항목에 들어 있는 기사들을 모두 인쇄하고, 거기에다가 이 열심한 조선의 신자들이 여러 번에 걸쳐서 우리 교황 성하께 올린 편지들을 첨부하십시오. … 그들의 열의를 자극하고 그들에게 새로운 용기를 불어넣어 줄 것입니다. 한 명을 구하면 열 명이 달려올 것입니다.

3. 다른 선교지에도 부족한 것이 많다. … 그러나 저 불쌍한 조선 사람들의 경우만큼 절박하지는 않습니다. … 우리 선교지 전체를 놓고 본다면 신부 한두 명쯤 줄어든다고 결코 현저한 공백 상태가 발생하지는 않습니다. 그러나 완전히 버림받았던 선교지로서는 이 두 명의 신부도 헤아릴 수 없는 은혜가 될 것입니다.

4. 그 나라를 뚫고 들어가기가 힘들다. 이 점이야말로 반대하는 이유들 가운데에서 가장 그럴듯하다는 것을 저도 인정합니다. 그

러나 결국 어떤 계획이 어렵다고 하여 그것 때문에 불가능한 것은 아닙니다. … 북경에서 출발한 중국인 신부 한 분이 조선에 들어가 박해가 극심했음에도 불구하고 그곳에서 여러 해 동안 성직을 수행하다가 영광스러운 순교로 그의 과업을 완수하였는데, 사천四川이나 산서山西에 파견된 유럽인 신부는 그렇게 할 수 없다는 말입니까!

… 그렇다면 불가능한 것을 시도해 보아야 합니다. … 성 프란치스코 하비에르가 이런 생각들 때문에 중국 해적선에 올라가는 것을 포기하였던가요? … 사실 하느님께서 당신의 모든 사도들과 그들의 계승자들에게, 가서 모든 민족들을 가르치라고 특별히 명령하셨을 때에 조선을 빼놓으셨습니까? … 지극히 자비하신 하느님께서 당신을 알자마자 경배하며 사랑하고 섬겼던 조선 사람들에게 갑자기 엄하고 매정한 하느님이 되셨다는 것입니까?

5. 마지막 이유가 남아 있습니다. … 아주 간단한 계획을 하나 제안하겠습니다. … 포교성성에는 장래에 관해서 아무런 약속도 하지 말고, 지금 당장으로는 신부 한두 명 정도를 보내겠다고 제안하십시오. … 그러나 이런 위험한 사업을 기꺼이 맡고자 하는 신부가 누구이겠습니까? **제가 하겠습니다.** 소조폴리스의 주교님은 아무리 당신의 대목구에 선교사들이 많이 있기를 원하신다 하더

라도, 불행한 조선 사람들을 위해서 당신 사제들 가운데 한 명을 기꺼이 내놓으실 것입니다. ⋯ 이와 반대로 여러분이 이 선교지를 포기하시면, 저 불쌍한 새 신자들은 아무런 도움도 받지 못하고 위안도 얻지 못한 채 좌절하게 되어, 용기를 잃고 그들의 낡은 미신들 속으로 다시 떨어질 수도 있습니다. 이렇게 되면 예수 그리스도의 왕국을 이 멀리 떨어진 지역으로 확장하려는 희망은 영원히 사라져 버리고 말 것입니다."[11]

이 한 통의 편지는 조선 선교의 불투명성을 완전히 역전시켰다. 당시의 주변 상황은 결코 쉽게 조선 선교를 허락하지 않았지만, 브뤼기에르 신부는 그러한 난관들을 하나하나 풀어 나갔다.

4. 조선 대목구 설정과 깊어 가는 갈등

시암 대목구장 플로랑 주교.

브뤼기에르는 1829년 5월 19일부터 파리 본부에 조선 선교를 청원하는 강렬한 의지를 담은 서한을 썼고, 얼마 후인 6월 9일에는 포교성성으로 서한을 보내어 자신이 조선 선교사로 가겠다는 의지를 다시 한번 밝혔다. 그러면서 조선으로 들어가는 여러 가지 방법들을 모색하기 시작했다. 그러나 시암 대목구장 플로랑 주교 외에는 누구도 브뤼기에르 신부의 편이 되어 주지 않았다.

우선 파리에 있던 랑글루아 신부는 브뤼기에르의 제안에 반대했다. 북경 교구를 담당하고 있던 포르투갈 선교사들이 절대로 조선을 단념하지 않을 것이며, 프랑스 선교사들이 조선과 연락하는 것은 거의 불가능한 일이라고 생각했기 때문이었다. 오히려 브뤼기에르 신부가 독자적으로 사목을 하고 싶다면, 시암 왕국 부근의 나라들에서 얼마든지 찾을 수 있다고도 생각했다.

마카오에 있던 움피에레스 신부 역시 포교성성으로 서한을 보내어, 파리외방전교회가 조선을 담당하는 데는 매우 큰 어려움이 있다고 보고했다. 북경 교구와 남경 교구의 포르투갈 선교사들과 갈등이 발생할 소지가 있기에, 다른 선교회가 조선을 맡을 때까지 임시적으로만 맡을 수 있다고 보았다. 그뿐 아니라 당시 파리외방전교회 대표부의 책임을 맡고 있던 바루델 신부 역시 조선 선교지를 맡는 데에 부정적인 입장이어서, 이미 아시아의 다른 선교지에 파견된 선교사들에게 조선 선교지를 받지 말자는 의견을 보냈다.

아직 이런 복잡한 상황을 정확히 파악하지 못했던 브뤼기에르는 파리와 로마에 보낸 편지로 모든 문제가 해결될 것이라고 생각했는지, 주교품[12]을 준비하기 한 달 전에 마카오에 있는 라미오 신부에게 서한을 보내어 조선과 연락하는 방법과 조선 선교지에 들어가는 방법 등을 물어보았다.

"신부님께서는 북경에 오랜 기간 체류하시는 동안 조선 선교지의 시작과 발전을 몸소 체험할 수 있으셨을 것입니다. 아마도 조선의 열심한 신입 교우들 가운데 몇 명을 직접 만난 적도 있으셨겠지요. 북경 교회와 새로 생긴 조선 교회 사이에 연락을 유지하기 위하여 채택한 온갖 방법들에 대해서도 들으셨을 것입니다.『신편 교훈적인 서간집』제5권에 들어 있는 조선 항목에 조선 선교지에 관해서 흥미로운 기사를 기고하신 분도 바로 신부님이십니다. 조선 교우들의 여러 편지를 번역하기로 자청하셨던 분도, 거기에 설명적인 주석을 달아 주셨던 분도 신부님이십니다. 그리고 제가 마카오에서 신부님을 뵙는 영광을 가졌을 적에 이 신입 교우들에 대해서 그토록 좋게 말씀해 주신 분도 신부님이십니다. 그래서 저는 실례를 무릅쓰고 다음의 사항들에 관해서 신부님께 문의드리고자 합니다."[13]

브뤼기에르가 조선 선교지를 맡아 선교사로 파견될 경우, 가장 중요한 것은 조선으로 들어가는 것이었다. 따라서 그는 조선에 대해서 가장 잘 알고 있는 라미오 신부에게 도움을 청한 것이었다. 라미오 신부는 다음과 같은 답을 주었다.

"주교님의 편지를 읽고 제가 얼마나 큰 기쁨에 사로잡혔는지 모른답니다! 저는 크나큰 위안과 더불어 천주 섭리께서 조선으로 보낼 선교사이신 당신의 발에 친구親口하는 바입니다! 이 선교지는 전적으로 프랑스 관할입니다. 이 왕국에 처음으로 십자가를 꽂은 것도 프랑스인이었습니다(그라몽 신부). 불행한 시대 상황으로 인해 우리 신부들 중 한 명도 조선에 파견할 수 없었으므로 우리는 포르투갈 신부들에게 도움을 요청하였고, 이 선교지가 완전히 그들의 손에 넘어간다는 조건하에서 제안이 받아들여졌습니다. 선교지를 양도하면서 우리는 문서로 작성하고 서명을 해야만 했습니다. 이렇게 해서 이 선교지는 포르투갈인들의 권한으로 넘어갔습니다."

라미오 신부는 다음과 같이 덧붙였다.

"주교님께서 제게 제안한 모든 계획들 가운데서 실행할 수 있는 것은 제가 볼 때 아무것도 없습니다. 먼저 행동에 옮겨야 할 것은 몇몇 가난한 가족을 타타르와 조선 국경 지대에 정착시키는 것입니다. 그렇게 되면 이들은 필요한 경우 잠시 머무를 수 있는 거처나 은신처를 제공해 주게 될 것입니다. 포르투갈 신부들은 그들이 원한다면 주교님을 효과적으로 도와줄 수 있습니다. 그들은 조선까지 뻗어 있는 선교지들을 보유하고 있습니다. 그러나 그들이 원하지 않으면 주교님은 절대 입국하지 못할 것입니다."

본래 교황 대리 감목敎皇代理監牧(Vicarius Apostolicus)은 말 그대로 '교황을 대리하는 주교'로 교황 파견 선교사를 가리킨다. 이 제도는 포르투갈 관할권을 약화시키면서 아시아의 선교지를 포교성성 관할하에 직접적으로 두기 위한 방안이었는데, 조선 대목구가 설정되기 직전까지도 아직 명확하게 그 재치권이 누구에게 있는지 밝혀지지 않았었다.

브뤼기에르 신부는 다시 교황에게 서한을 보내어 언제든지 떠날 준비가 되어 있음을 명확하게 밝혔다.

1829년 6월 29일 브뤼기에르는 성모 승천 주교좌 성당에서 주교품을 받고 페낭으로 떠났다. 그는 대목구장인 플로랑 주교에게 위임을 받아 페낭 신학교에서 거주하면서 시암 대목구로 파견된 신임 선교사들을 필요한 지역에 배치하고 선교 활동을 지휘하는 역할을 맡았다. 그러면서 조선에 선교사로 가고 싶다는 서한을 파리와 로마로 보냈다.

그러던 중 1832년 7월 25일 파리에서 뒤브와Jean Dubois(1766-1848년) 신부가 보낸 서한이 페낭에 도착했다. 서한에는 조선 대목

브뤼기에르 주교가 주교품을 받은 시암 대목구(방콕) 성모 승천 주교좌 성당(1922년).

구가 설정되었고, 브뤼기에르 주교가 대목구장에 임명되었다는 내용이 들어 있었다.

브뤼기에르 주교는 조선에 들어가기 위해 우선 마카오로 가서 파리외방전교회 대표부로 향했지만, 대표부가 다른 곳으로 이전해 포교성성 대표부의 도움을 구해야 했다. 어렵게 찾아간 대표부에서 르그레즈와 Pierre Louis Legrégeois(1801-1866년) 신부를 만난 브뤼기에르 주교는 교황의 칙서들과 파리외방전교회의 공동 서한도 받아 볼 수 있었다. 교황의 칙서들이란 바로 1831년 9월 9일 조선 대목구 설정과 초대 대목구장으로 브뤼기에르 주교를 임명한다는 두 칙서를 가리킨다. 그런데 파리 본부에서 1832년 2월에 작성한 공동 서한이 문제였다.

> "[포교]성성에서는 조선의 교황 대리 감목을 임명하였습니다. 그는 갑사의 주교이자 시암의 부주교입니다. 그렇다고 해서 포교성성이 이 선교지를 우리 전교회에 위임한 것은 아닙니다. 포교성성은 갑사의 주교님에게 나폴리 신학교 출신의 두 중국인 사제를 붙여 주었습니다. 또한 마카오 포교성성 대표부에 이 선교지에 드는 비용들을 마련하는 임무를 맡겼습니다. 그러므로 조선은 포교성성 관할의 선교지가 되는 셈입니다. 포교성성이 갑사의 주교님을 선

발한 까닭은 그분이 추기경 장관께 편지를 써서 본인이 이 선교지에 파견되기를 원한다는 의사를 나타냈기 때문입니다. 우리는 이런 희망을 그분에게 불어넣은 열정에 찬사를 보냅니다. 그렇지만 우리는 포교성성이 이 선교지를 우리에게 맡아 달라고 보냈던 제안에 관해서 우리의 다른 선교지들에서 어떻게 생각하는지를 알아보기 전에 그분이 포교성성으로 편지를 보내는 방식으로 일을 진행한 것에 전적으로 동의할 수는 없습니다. 물론 그분이 본인의 대목구장이신 소조폴리스 명의의 주교님(플로랑)으로부터 승낙을 얻었던 것은 사실입니다. … 전교회 전체가 각자 자기의 의견을 제시하기 전에는 결정을 내리지 않는 것이 언제나 관례였습니다. … 우리의 다섯 선교지들에서 이 문제를 어떻게 생각하는지를 알아보기 전에는 조선 선교지를 우리가 받아들여야 한다고 생각하지 않은 것도 바로 이런 관례에 부합합니다. … 신중함의 원리에서 나온 조치였으며, 우리 전교회의 오래되고 적법한 관례에서 벗어나지 않으려고 주의를 기울인 데서 나온 조치였기 때문입니다.

이 문제에 관하여 여러 선교지들에서 우리에게 보낸 의견을 요약하자면 다음과 같습니다. 갑사 명의의 주교님은 우리가 포교성성의 제안을 받지 않으려 한다고 불만스럽게 여기셨습니다. 그러면서 본인이 이 새로운 선교지를 열어 가겠다고 나섰습니다.

소조폴리스 명의의 주교님은 우리가 결정을 내리는 것을 연기하도록 만든 신중함을 칭찬하셨습니다. 그러나 그분은 우리가 그 새로운 임무를 받아들일 수 있다고 생각하셨으며, 본인의 부주교를 내놓는 것에 동의하셨습니다. 시암의 다른 선교사들도 같은 의견인 것 같습니다.

할리카르나스 명의의 주교님과 모테Nicolas Mottet(1760-1833년) 신부는 우리가 새 선교지를 받아들이는 것을 망설였다고 비난하시는 듯합니다.

코친차이나[대목구]에서는 레제로Régereau 신부가 조선 사람들을 복음화하러 가겠다고 본인이 나섰습니다. 하지만 이소로폴리스 명의의 주교님과 다른 선교사들은 이 문제에 관해서 우리에게 아무런 의견도 보내지 않으셨습니다.

통킹(서부 대목구)에서는 고르틴 명의의 주교님, 그분의 부주교, 그리고 모든 선교사들이 같은 의견입니다. 고르틴 명의의 주교님은 이 일에 관하여 우리가 조선 선교지를 받아야 한다고 생각하지 않는다고 쓰셨습니다. 북경 주교가, 혹은 공석일 경우에는 산서 대목구장 주교가 직접 또는 자신의 선교사들 가운데 누군가를 통하여 조선의 교우들을 계속 돌보아야 한다는 것입니다.

막술라 명의의 주교님은 다음과 같이 생각하십니다. 첫째, 우리가 조선 선교지를 맡기 전에 프랑스를 위협하는 위기가 잘 지나가거나 프랑스에서 완전히 종식되어야 한다. 둘째, 포르투갈인들이 우리에게 그러한 제안을 해야 하며, 그들은 우리에게 이 일을 성공시킬 수 있는 방도들을 알려 주어야 하고, 또 산동과 북직예로 갈 수 있도록 허락해야 할 뿐만 아니라, 그곳에서 신임 동료 선교사들이 자신들을 찾으러 올 때까지 기다릴 수 있어야 한다. 셋째, 만약 조선으로 가도록 배정된 첫 번째 동료 선교사를 사천 선교지에서 빼내고자 한다면, 그를 주교로 성성하고 대단히 폭넓은 권한을 지닌 대목구장으로 임명하면서, 먼저 들어가서 조선의 교우들과 협력하여 선교사를 인도하는 임무를 맡는 사천의 중국인 사제 한 명을 동반하도록 해야 한다. 넷째, 만약 우리 단체가 이 선교지를 맡는다면 초대 대목구장으로 임명해야 할 사람은 갑사의 주교님이다.

앵베르 신부도 편지를 보내어, 사천의 모든 선교사들이 막술라 명의의 주교님과 같은 의견이며, 실제로 이런 방안이 우리가 제안할 수 있는 가장 합리적인 것이라고 하였습니다. 그러나 보시다시피 이 [막술라 명의의] 주교님은 조선 선교지를 받아들이는 것에 관해서 두 가지 조건을 두셨습니다. 첫째 조건은 실현되기 어려운 것이며, 둘째 조건 역시 실현될 수 없는 것입니다. **포르투갈인들은 절대로**

이 선교지의 영적인 필요에 부응하는 일을 양보하지 않을 것입니다. … 이제 포교성성은 결정을 내렸습니다. 그러므로 우리는 거룩한 섭리가 작동하시도록 하는 것 이외에는 할 것이 없습니다. 다른 한편으로 만약 우리에게 새로운 제안이 주어진다면, 이제는 우리 단체의 주교님들과 동료 신부들의 대다수가 가진 의향이 어떤지 알았기 때문에 우리는 그것을 받아들이는 데 어려움이 덜할 것입니다."[14]

파리 본부에서 보낸 장편의 공동 서한에는 조선은 포교성성 관할 선교지가 되었고, 아직 파리외방전교회에 위임된 것이 아니며, 브뤼기에르 주교가 초대 대목구장으로 임명되었으나, 이는 회원들의 의견을 듣지 않은 독단적인 행위이므로 파리외방전교회의 관례에 어긋나며 묵과할 수 없는 행위로 규정했다는 내용이 들어 있었다.

파리 본부의 신학교 지도자들은 시암 대목구장 플로랑 주교에게도 서한을 보내어, 브뤼기에르 주교가 조선 대목구장이 된 이유 중 하나가 시암 대목구장의 승낙이 있어서였으며, 잘못하면 시암 선교지가 주교 부재 상황을 맞이할 수 있음을 주의시켰다. 그리고 브뤼기에르 주교의 동료였던 카르카손 교구 출신의 쿠르베지

Jean-Paul Courvezy(1792-1857년) 신부를 시암 대목구로 파견시키면서, 부주교의 직무에 적임자인지를 살펴보고, 그가 순명하며 자신의 직무를 잘하기를 기대한다고 밝혔다.

이와 비슷한 시기에 파리 본부는 브뤼기에르 주교에게도 서한을 보냈다. 브뤼기에르 주교가 조선 대목구장이 된 것을 축하하지만, 주교의 독단적인 행동을 묵과할 수 없기에 브뤼기에르 주교의 파리외방전교회 회원 자격을 상실시켰다는 것과 시암 대목구를 위해서 쿠르베지 신부를 배정하였다는 사실도 통지했다.

서한을 받은 브뤼기에르 주교는 사태의 심각성을 깨달았다. 파리외방전교회에서 탈퇴할 생각이 전혀 없던 주교는 이런 상황에 당황했고, 그와 동시에 조선 대목구의 앞날도 매우 불투명해졌음을 직감했다. 조선 대목구가 포교성성 직할 선교지라고는 하지만 브뤼기에르 주교 개인에게만 맡겨졌고, 파리외방전교회와는 무관하다는 뜻이기에, 주교는 파리외방전교회가 신생 조선 대목구를 관할 선교지로 받아들이도록 로마와 파리에 서한을 보냈다.

먼저 포교성성 장관에게 보낸 서한에는 조선 대목구를 파리외방전교회에 맡겨 줄 것이라고 믿고 있었는데, 아무 결정을 내려 주지 않은 점을 지적하며 교황에게 이러한 점을 상신해 주기를 바란다고 보냈다. 또한 파리 본부 지도자들에게는 자신의 행동이 도를 넘고 무례했음을 인정하면서, "그래도 조선 사람들에게 목자로 파견된 이 사람의 실수 때문에 조선 교우들이 손해 보는 일이 없도록 해 주십시오. 그들은 이미 더없이 불행한 상황인 만큼, 그들의 불행이 더욱 깊어지게 해서는 안됩니다."라고 호소했다.

한동안 원래의 입장을 고수하던 파리 본부는 1833년 4월 16일 마카오에 있는 르그레즈와 신부에게 보내는 서한에서 조선 대목구를 파리외방전교회가 맡겠다는 내용을 전달한다.

"마카오에 도착한 갑사 명의 주교님은 자신이 조선 대목구장에 임명된 사실과 더불어 이 선교지가 우리 신학교에 맡겨지지 않았다는 사실을 알았습니다. 이는 주교님이 기대하지 않았던 사태였습니다. 포교성성의 이러한 조치로 그는 잘못된 처지에 놓였음을 보았습니다. 그는 서둘러 교황 성하께 편지를 보내어 자신이 우리 전교회로부터 떨어져 나오게 되어 유감스럽다는 의사를 밝히고, 또 이 선교지가 우리 단체에 맡겨지도록 요청하였습니다. 이제 우리는 우리 선교지들의 회원들 가운데 가장 많은 사람들이 이 사안에 관하여 생각하고 있는 바가 어떤 것인지, 그리고 **거의 모두가 우리 전교회가 이 선교지를 맡을 수 있다는 의견임**을 알게 되었습니다. 그러므로 우리는 갑사의 주교님의 요청을 지지한다고

포교성성에 편지를 썼습니다. 세 명의 우리 선교사들이 출발하기 전에 포교성성으로부터 답신을 받지는 못할 것입니다. 그러나 아마 5월 말이나 6월 초에 출발할 마지막 영국 배들을 이용하기에는 충분할 정도로 신속하게 답신을 받을 것입니다."[15]

르그레즈와 신부는 1833년 9월 13일 서한에서 파리 본부의 결정 사항을 브뤼기에르 주교에게 알려 준다.

"좋은 소식입니다. 파리 신학교의 지도자 신부들이 주교님을 지지하고 나서셨습니다! 제가 어제 받은 편지에서 랑글루아 신부님은 다음과 같이 적어 보내셨습니다. 저는 우리 공동체가 동의한 사항에 대해서 포교성성으로 다음과 같이 알리는 편지를 보냈습니다. '저희는 이 고위 성직자(주교님을 가리킵니다)와 동일한 의견을 가지고 있습니다. 그리고 현재 저희 주교님들과 저희 동료들의 의사를 파악하였습니다. 그 결과 **만약 교황청에서 이 선교지를 맡아 달라고 저희에게 다시 제안하거나 권고한다면, 저희는 이 선교지를 받아들이는 것에 동의하는 바입니다.** 그리고 이러한 경우에 필요하다고 판단되면 갑사의 주교님을 도울 수 있도록 저희는 **몇몇 선교사들을 파견할 것입니다.**' 그러나 저는 영국 회사가 운행하는 마지막 배들이 출항하기 전에 포교성성의 답변이 저희에게 도착하리라고는 기대하지 않습니다."[16]

브뤼기에르 주교는 이 서한을 1835년 1월 19일 서만자에 도착해서야 받을 수 있었다. 주교는 2월 8일에 이에 대한 답신을 보내면서 **"조선 선교지를 우리 회에 맡겨 주신 하느님의 섭리에 감사합니다."**라고 응답했다. 그리고 10월 2일 자 서한에서 사천 대목구 소속의 앵베르 신부를 자신의 부주교로 임명해 달라고 요청했다. 이렇게 브뤼기에르 주교의 열성과 여러 기관들의 뜻이 모여서 조선 대목구가 설정되었고, 파리외방전교회가 그 선교를 맡아 브뤼기에르 주교의 조선 입국 여정이 정상화되었다.

"그러므로 본인은 자발적으로, 그리고 확실한 지식과 오랜 숙고에 따라, 교황의 충만한 직권과 이 교황 교서의 힘으로 조선 왕국을 지금 당장 새로운 대목구로 설정하는 바이며, 거기에 북경 주교로부터 완전히 독립한 대목구장을 임명한다고 선언하는 바입니다. 그리고 이 성좌에 의해서 임명될 그 대목구장에게는 중국의 여러 지방들이나 중국에 인접한 지방에 있는 대목구장들에게 관례적으로 허락한 권한을 부여하는 바입니다."(조선 대목구 설정 칙서, 3항).

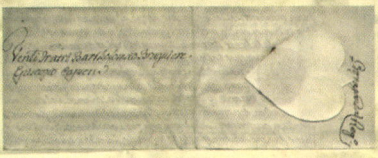

상) 그레고리오 16세 교황의 조선 대목구 설정 소칙서.
하) 그레고리오 16세 교황의 조선 대목구장 임명 소칙서.

5. 브뤼기에르 주교의 중국 선교 여정[17]

당시 중국 교회의 상황

시암 대목구를 출발한 브뤼기에르 주교는 조선으로 들어가기 위해 페낭-싱가포르-마닐라-마카오-복안-히아푸-남경-직예-산서성-서만자-마가자 등 긴 여정을 거쳐야 했다. 마카오 대표부를 출발해 육로를 통해 조선으로 입국하는 여정은 모두 청나라의 영토를 지나야 했는데, 불행하게도 당시의 청나라는 천주교를 박해하여 금지하던 상황이었다.

옹정雍正(1722-1735년)과 건륭乾隆(1735-1796년)에 이어 가경嘉慶(1796-1820년)[18] 시기에 들어서 청조의 금교禁敎 정책은 더욱 엄격해졌고, 이러한 상황은 아편 전쟁(1840-1842년) 이전까지 이어졌다. 그나마 흠천감欽天監 등의 관직을 유지하며 버텼던 북경의 선교사들도 포르투갈 라자리스트회 선교사 세라Serra(중국명 高守謙. ?-1852년), 피레

북경 북당의 모습(1900년).

스-페레이라를 마지막으로 사라졌다. 동당東堂과 북당北堂으로 대표되던 성당은 파괴되거나 청조에 의해 폐쇄되었고, 북경의 박해를 피해 옮겨 간 프랑스 선교사들은 서만자를 중심으로 교우촌을 형성하면서 선교 활동을 유지하고 있었다.

당시 마카오는 중국 내지에서 활동하던 서양 선교사를 연결해 주던 거점이었다. 청조는 이 거점 루트에서 발각되는 중국 신자들을 체포하여 신강新疆이나 흑룡강黑龍江으로 유배를 보내 노예로

삼았다. 심지어 마카오-포르투갈 당국에 중국인의 천주교 신앙 금지를 계속 알렸고, 중국 내지에서 활동하던 서양 선교사들을 고발할 것을 요구하였다.

선교사에 대한 박해도 지속적으로 이루어져 체포되어 추방되거나 지방 당국에 의해 처형된 예도 종종 발생했다. '사천四川 시노드'[19]로 유명한 파리외방전교회의 뒤프레스Gabriel-Taurin Dufresse(중국명 徐德新, 1750-1815년) 주교는 1815년에 순교했고, 아편 전쟁 전야인 1839년에는 호북湖北에서 선교하던 라자로회의 페르부아르 Jean-Gabriel Perboyre(중국명 董文学, 1802-1840년) 신부가 체포되어 이듬해 순교했다.

그러나 이러한 청조의 엄격한 금교 정책에도 불구하고 서양 선교사들의 선교 활동은 중국 전역에서 비밀리에 이뤄지고 있었으며, 이와 함께 중국인 신부들의 활약도 두드러지게 나타났다. 공식적인 천주교 박해 시기임에도 불구하고 중국 교회는 '선교의 지속성', '가족을 통한 전파', '선교의 자립성 강화'라는 세 가지 특징을 보이며 유지, 발전하고 있었다.

일반적으로 알려진 바와는 다르게 교인의 수도 크게 감소하지 않았고, 비밀리에 가족 집단을 통해 교세가 확장되고 있었으며, 외국인 선교사가 공개적으로 교회의 세속적 사무의 직책을 수행할 수 없었기 때문에 선교 주체인 사제가 외국인에서 중국인으로 바뀌기 시작했다.

청조의 금교 정책 시기이자 중국인 성직자들이 본국의 선교 사업을 활발히 전개할 때인 1795년에는 중국인 신부 주문모가 조선에 들어와 활동했었고, 조선 대목구장 브뤼기에르 주교의 조선 입국 준비를 위해 1834년 조선에 들어왔던 여항덕 신부 또한 중국인 사제의 활동을 보여 주는 사례이다.[20]

페낭에서 산서 주교관까지 (1832.8-1833.10)

1832년 8월 4일 시암 대목구의 클레망소 신부에게 뱃삯을 빌려 싱가포르행 배를 타고 페낭을 떠난 브뤼기에르 주교는 싱가포르와 마닐라를 거쳐서 1년 2개월의 여정 끝에 1833년 10월 10일 산서성 구급촌의 주교관에 도착했다.

다음은 브뤼기에르 주교가 1개월 이상 체류한 네 곳과 그곳에서 있었던 일을 정리한 것이다.

① **마카오 포교성성 대표부** (63일 혹은 64일간 체류)

1832년 10월 18일 마카오에 도착한 브뤼기에르 주교는 12월 19일(혹은 20일) 복건성으로 떠날 때까지 63일간(혹은 64일) 이곳에

마카오 파리외방전교회 극동 대표부 터.

체류했다. 이미 잘 알려진 것처럼 이때 주교가 체류한 곳은 파리 외방전교회 극동 대표부가 아니라 교황청 포교성성 대표부다. 극동 대표부가 본래의 자리에서 이전하여 찾을 수 없었기 때문이었다. 브뤼기에르 주교는 먼저 움피에레스 신부를 찾아갔다. 움피에레스 신부는 "저희 집에 오시길 잘하셨습니다. 프랑스 선교지들의 대표부 신부는 주교님을 절대로 받아 주지 않았을 테니까요." 라며 브뤼기에르 주교를 환영했다. 이는 파리외방전교회 본부에서 극동 대표부의 르그레즈와 신부에게 "갑사의 주교가 오면 절

르그레즈와 신부.

대로 맞아들이지 말 것이며, 이 일은 포교성성이 관여한다."라는 편지를 보내 놓았기 때문이었다.

마카오에 도착한 지 3일 만인 1832년 10월 21일, 브뤼기에르 주교는 파리외방전교회 극동 대표부의 르그레즈와 대표 신부로부터 포교성성 차관이 보낸 교황 칙서 두 통(1831년 9월 9일 자) 및 포교성성 차관을 통해 브뤼기에르 주교에게 베푼 특별 권한(1831년 7월 17일 자)을 수령하였다. 훗날 김대건과 최양업 신부의 스승이 되는 르그레즈와 신부는 매우 너그러운 성격이어서, 브뤼기에르 주교에 대한 금지 조처를 유연하게 받아들였다.

이후 브뤼기에르 주교는 마카오 참사위원 총대리의 요청으로 견진성사 및 서품식을 집전했으며,[21] 11월 9일에는 포교성성 장관 추기경[22]에게 서한을 발송하여 조선 대목구의 사목을 파리외방전교회에 위임해 줄 것을 요청하였다. 파리외방전교회는 그때까지도 조선 대목구의 선교를 맡을지에 대해서 확실하게 의사를 밝히지 않았다.

1832년 11월 10일에 그는 파리외방전교회 본부 신부들에게 서한을 발송하여 조선 선교를 회피하는 두려움에 대한 오류를 열두 가지 항목으로 지적하면서 항의했고[23], 1832년 11월 23일에는 연락원 왕(Vang, Vam 혹은 Taou) 요셉을 북경으로 파견하면서 남경 교구장과 여항덕[24] 신부에게 전하는 서한 및 첫 번째 사목 서한을 조선 교우들에게 발송했다(1832년 윤 9월 26일, 양력 11월 18일 작성).[25]

"여러분의 소원이 드디어 이루어졌습니다. 천주님께서 여러분의 기도를 들어주셨습니다. 자비로우신 천주님께서 여러분에게 선교사들과 주교 한 사람을 보내십니다. 이 특은을 받은 자가 바로 저입니다. 나는 여러분 가운데서 살다가 죽기 위해 곧 출발합니다."

이때 브뤼기에르 주교는 자신과 함께 여행할 선교사들을 만나 다음 행선지인 복건성福建(Fokien)과 앞으로의 여정에서 거쳐야 할 육로와 바닷길에 대해 의논한 것으로 보인다. 그는 복건 대목구장 스페인 도미니코회의 카르페나 디아즈 R. J. Carpena Díaz(1760-1849년) 주교에게 서한을 보내 자신을 소개하고 도움을 요청했던 것 같다.

② **복안 주교관** (58일간 체류)

복건 대목구장 디아즈 주교는 배를 보내 브뤼기에르 주교 일행을 도와주었다. 브뤼기에르 주교와 함께 배에 오른 이들은 파리 외방전교회의 사천 선교사 모방 신부, 프랑스 라자리스트회 라리브Laribe 신부, 포르투갈 에보라Évora 교구 출신의 라자리스트회

성 모방 베드로 신부, 보디아니 작.

강남 선교사 두 명, 산서로 가는 나폴리 교구의 포교성성 선교사인 프란치스코회 알퐁소-마리 디 도나토A.-M. di Donato(1783-1848년) 신부였다.²⁶ 1832년 12월 19일(혹은 20일) 주교 일행은 배를 타고 마카오를 떠났다.

예정보다 배로 늘어난 긴 항해 끝에 브뤼기에르 주교 일행이 복건 대목구장 디아즈 주교의 주교관에 도착한 것은 1833년 3월 1일이었다. 주교관은 푸간Fougan, 지금의 복안시福安市 하백석진下白石鎭 정두촌에 있었다.²⁷

3월 9일에는 모방 신부가 브뤼기에르 주교를 찾아와 조선 선교를 자원하였다. 그러나 의외로 브뤼기에르 주교는 "그런 성소를

가졌다니 매우 기쁩니다만, 신부님은 하느님과 상의해야지, 내 소망을 문의할 일은 아닙니다. 이 중요한 문제를 결정하는 일을 내가 책임질 수는 없습니다." 하며 거절하였다. 그 후 복건 주교의 권고와 사천 대목구장의 허락을 구한 끝에 모방 신부는 조선 파견 선교사로 받아들여질 수 있었다.

4월 3일 브뤼기에르 주교는 총대리 신부의 초대를 받아 복안 신학교를 방문했고, 주님 부활 대축일에는 신자들과 함께 장엄 미사를 봉헌했다.[28] 한편 「모방 신부가 파리 신학교 지도자들에게 보낸 1833년 6월 14일 자 서한」에 따르면, 서한의 작성지인 복건 신학교가 위치한 곳을 '케젠Kesen'이라고 언급했는데, 이곳은 지금의 복안시 계담진溪潭鎭의 계전촌溪墳村(Xitiancun)인 것으로 밝혀졌다.[29]

4월 18일 브뤼기에르 주교는 포교성성 장관에게 서한을 보내 아홉 가지 권한을 요청하고, 일곱 가지 문제에 대해 문의했다.[30] 교황청과 연락하기 어려웠던 당시에는 대목구장에게 임시적이고 한시적인 권한을 부여했다. 브뤼기에르 주교는 사제들에게 견진성사를 집전할 수 있도록 위임할 권한, 조선 국경 밖에 신학교를 세우고 운용할 권한, 혼인을 풀어 줄 한시적인 권한 등 꼭 필요한 권한을 청원했다. 또한 주교들은 매 5년 혹은 10년마다 사도좌,

곧 교황을 알현해야 했는데, 사도좌로부터 멀리 떨어져 있는 곳에서는 물리적으로 불가능하기에 관면을 청했고, 대사大赦에 대한 문의, 미사를 거행할 때 사용하는 초를 수지樹脂로 만들 수 있는가 등의 문제를 문의했다.

이후 브뤼기에르 주교는 다음 행선지를 남경南京으로 정했다.

③ 강남 숙소 (54일간 체류)

1833년 4월 23일, 브뤼기에르 주교는 남경행 배에 승선했지만, 배가 복안을 떠난 것은 4월 27일이었다. 그는 남경 교구의 총대리 카스트로 에 무라João de França Castro e Moura(중국명 趙若望, 1804-1868년) 신부에게 보내는 복건 대목구장의 서한을 지니고 있었다.

브뤼기에르 주교 일행은 1833년 5월 12일 절강성 북부의 '히아푸Hia pou'라는 항구에 도착했다. 그곳은 중국에서 일본으로 가는 배가 떠나는 곳이고, 황제 운하 즉 경항 대운하京杭大運河(북경-항주)를 이용하여 남경으로 갈 수 있는 곳이었다.[31]

오늘날 히아푸로 추정되는 곳은 두 곳이다. 첫째는 절강성 영파시의 해포진(寧波市 鎮海區 蟹浦鎮, 현 澥浦鎮)[32]이고, 둘째는 절강성 가흥시의 사포진(嘉興市 平湖市 乍浦鎮)[33]이다. 해포진은 절동 운하浙東運河(항주-영파)를 이용할 수 있는 항구이며, 사포진은 경항 대운

중국의 지방 교우촌에 도착한 선교사.

하를 이용할 수 있는 곳이었다. 브뤼기에르 여행기에 기록된 여행 기간에서 볼 때, 히아푸는 남경에 더 가까운 가흥시의 사포乍浦로 추정된다.

1833년 5월 15일 브뤼기에르 주교는 강남 운하 옆의 농가에 도착했고, 이튿날 그곳 교우들의 요청으로 예수 승천 대축일 미사를 집전했다. 그때 브뤼기에르 주교는 현지 미사에 대한 여러 기록을 남겼다. 미사 전에는 그곳의 회장이 주교의 허름한 옷차림에 대해 교우들의 빈축을 살 것이라며 예복을 빌려주었다고 했고,

미사를 할 때는 바오로 성인이 권고한 것과는 정반대로 남자들은 미사 내내 모두 모자를 쓰고 있었으며 여성들은 쓰지 않았다고 기록했다.[34]

그 뒤에 다시 길을 떠난 브뤼기에르 주교는 5월 18일 강남 숙소에 도착했다. 그때 북경에서 보낸 조선 사람들의 소식이 담긴 한 통의 서한이 도착했다.

"몇 해를 기다린 끝에 드디어 우리가 바라던 이상으로 우리의 소원이 이루어졌습니다. 우리는 선교사 한 분을 요청했는데, 이렇게 하늘에서는 우리에게 여러 선교사님들과 주교님 한 분을 보내 주십니다."

서한에는 조선 교우들이 자신을 유방제 신부보다 빨리 맞이하려고 준비한다는 내용도 있었다. 그러나 이 내용이 정확하지 않았다는 것을 주교는 나중에야 알 수 있었다. 주교는 카스트로 신부를 만나 안내인을 구하고자 했으나, 마땅한 사람을 찾을 수가 없었다.

브뤼기에르 주교는 5월 23일 남경 교구의 총대리 카스트로 신부와 헤어져 몇몇 교우가 살고 있던 작은 마을로 들어갔다. 이후

에는 앞서 배를 타고 함께 강남으로 왔던 두 명의 라자리스트회 선교사를 만났다.[35]

이어 그는 1833년 6월 26일 남경 교구장 피레스-페레이라 주교[36]의 서한 몇 통을 갖고 북경에서 온 왕 요셉과 상봉했다.[37] 이때 브뤼기에르 주교는 교황청에서 조선 선교지를 남경 주교의 관할에서 분리해 대목구로 승격시켰다는 사실을 명확히 확인했고, 북경 주교관에 도착한 조선인 교우에게 자신의 편지가 전달된 상황을 전해 들었다. 브뤼기에르 주교는 피레스-페레이라 주교가 이때까지는 호의적이었지만, 점차 태도가 돌변했다고 기록했다.[38]

④ 산동 · 직예 교우촌 와병 (35일간 체류)

1833년 7월 20일 브뤼기에르 주교는 새로 만난 안내자들과 함께 북경을 향해 출발했다. 브뤼기에르 주교는 해로를 이용해 북경으로 가기를 원했지만, 여기에 끼어든 중국인 신부는 선장과 선원을 믿을 수 없다는 이유에서 육로를 주장하였고, 왕 요셉도 해로 여행을 말렸다고 한다.[39] 주교는 안내인 3명(도 바오로 노인, 라틴어 소통자 양 요한, 왕 요셉)이 소심하고 무능하다고 생각했다. 결국 주교 일행은 나룻배를 타고 양자강으로 흘러 들어가는 작은 운하들을 이용해 길을 떠났다.

중국에서 활동하는 서양인 선교사들(1910년경).

주교 일행이 강남을 출발한 7월은 폭염이 시작되는 시기였다. 1833년 7월 27-28일 주교 일행은 경항 대운하를 이용하여 양자강에 도착하였고, 29일에는 남경 근처를 지났다. 그러나 열병이 낫지 않은 상태에서 남경을 떠나면서 브뤼기에르 주교의 고통은 시작되었다. 7월 31일에 하선한 뒤 안내자들은 더러운 바지와 적삼 한 벌, 챙 넓은 밀짚모자, 눈가리개 등을 이용하여 브뤼기에르 주교를 가난한 중국인 행색으로 꾸몄다. 그럼에도 안내인들은 여정 중에 두려움에 떨었으며, 심지어 외교인들에게 발각되어 도망을 친 적도 있었다.

배고픔과 갈증, 두려움과 열악한 도로 상황 등 악조건 속에서도 절강성에서 산서성까지 뻗어 있는 화북 평원을 종단한 주교 일행은 황하를 나룻배로 건너 8월 13일에 산동에 도착했다. 8월 17일 황하 지류를 건너면서 주교는 열병으로 겪은 고통을 다음과 같이 기록했다.

"내가 누워 있던 널빤지 아래로 손을 집어넣었다가 배 바닥에 물이 스며든 것을 알았습니다. 나는 계속해서 손가락을 물로 적셔서 그것으로 혀와 입술을 축였습니다. 그때 나는 사악한 부자를 떠올리며(루카 16,19-31 참조), 그의 처지보다는 내 처지가 훨씬 낫다

고 생각했습니다. … 힘내자. 오늘은 죽지 말아야지."⁴⁰

8월 24일 왕 요셉이 포도 한 송이와 중국식 포도주를 구해 왔다. 그날은 브뤼기에르 주교의 축일이었다. 포도는 신 포도즙만큼이나 시었고, 술은 물보다도 못했지만, 왕 요셉이 자신의 축일을 축하해 주고 싶었던 것 같다고 주교는 기록했다. 다만, 이 성찬 덕에 배앓이를 한 주교는 "이 세상의 행복은 오래 지속되는 것이 없습니다."라는 감상을 남겼다.

8월 26일 브뤼기에르 주교는 산동과 직예 접경의 한 교우촌⁴¹에 도착하여 35일 동안을 대부분 병상에서 지내야만 했다.⁴² 이때 주교가 머물렀던 산동·직예 교우촌은 황하 너머, 즉 명나라 때의 황하고도黃河故道 너머에 있는 현 산동성 하택시菏澤市의 조현曹縣 장색진莊寨鎭 동명현東明縣 지역일 것으로 추정하고 있다.

8월 28일 브뤼기에르 주교는 마카오의 움피에레스 신부와 르그레즈와 신부 공동 명의로 서한을 발송했다. 이때 안내자들과 교우촌 유지들이 주교의 북경행에 반대하고 나섰다(9월 1일). 그들은 주교가 북경으로 가다가 체포되면 죽임을 당할 뿐만 아니라 외교인들에 의한 박해로 이어질 수 있다는 이유로 주교의 북경행을 반대하면서 산서나 호광湖廣(호남·호북성), 혹은 마카오로 돌아갈 것을 종용했다.

그러던 차에 9월 22일 북경에 파견했던 교우들이 돌아왔다. 그들은 페레이라 주교의 전교비와 서한 한 통을 브뤼기에르 주교에게 전달했다. 이 서한에서 페레이라 주교는 "주교님은 산서로 가셔야 합니다. 주교님의 목숨은 지금 하느님과 중국인들의 손에 달려 있습니다."라고 하면서 브뤼기에르 주교에게 산서로 갈 것을 권유했다.[43]

결국 북경행을 포기하고 산서 대목구로 발길을 돌린 브뤼기에르 주교의 새 목적지는 프란치스코회 선교사들이 사목하고 있던 산서 주교관이었다.

산서 주교관 요양 (1833.10-1834.9)

브뤼기에르 주교 일행이 산동(식예) 교우촌을 출발하여 산서로 향한 것은 1833년 9월 29일이었다. 이틀 뒤에 그들은 페레이라 주교가 보낸 안내자를 만났으며, 10월 6일에는 산서 초입의 세관을 통과하였고, 10월 10일에는 마침내 산서 대목구장(호광·섬서·산서 대목구장) 주교관에 도착했다.[44] 이후 브뤼기에르 주교는 이듬해 9월 22일까지 11개월 12일 동안 이곳에 체류하면서 요양을 했다.

당시 산서 대목구장은 이탈리아 출신의 프란치스코회 살베티

성 앵베르 라우렌시오 주교, 보디아니 작.

주교였다. 그가 머물던 주교관의 위치에 대해 훗날 그곳을 경유하게 된 제2대 조선 대목구장 앵베르 L. Imbert(范世亨, 1796-1839년) 주교는 이러한 기록을 남겼다.

"평요(산서성 진중시晋中市 평요현平遙縣)에서 기현(祁峴, 현 진중시 기현)까지는 4리외(약 40리)밖에 되지 않는다. 기현까지 3리里가 남은 지점 도로의 왼쪽 2리 거리에 정원의 울타리, 곧 백색 담이 보이는데, 그곳이 산서 대목구장 주교님이 계신 곳이다."[45]

기록에 의하면 살베티 주교의 주교관은 지금의 진중시 기현, 정확히는 진중시 기현의 구급촌에 있었다. 살베티 주교의 묘지명에도 "1843년 기현 구급촌 선종"으로 기록되어 있다.[46]

구급촌 주교관에 도착한 브뤼기에르 주교는 살베티 주교와 함께 마카오에서 복안까지 함께 배를 탄 적이 있던 알퐁소 디 도나토 신부와 상봉했다. 이후 3일 뒤인 10월 13일에는 도 바오로 노인과 양 요한, 페레이라 주교가 보낸 안내자들이 고향으로 귀환하였고, 11월 11일에는 왕 요셉이 산서에 도착했다. 그는 브뤼기에르 주교가 산동(직예)의 교우촌에 있을 때 북경으로 보내졌다가 병으로 그곳에 머물렀다. 이후 산동으로 돌아왔으나 주교를 만나지 못해 다시 북경으로 갔다가 산서로 왔던 것이다.

이때 왕 요셉이 가져온 남경 주교의 서한에는 '요동의 교우들이 주교님을 받아들이려 하지 않으니, 여정을 단념하는 것이 좋겠다.'라는 내용이 들어 있었다. 또한 '조선 교우들이 주교님을 조선에 맞이하려고 한다면, 얼마 동안 머무는 것을 거절하지는 않겠다.'라는 내용이 덧붙여 있었다.

브뤼기에르 주교는 11월 18일에 왕 요셉을 다시 북경으로 파견하면서 조선 사람들에게 보내는 편지를 쥐어 주었다. 그는 다음 해 3월 10일에야 산서로 귀환할 수 있었다.

브뤼기에르 주교는 1834년 5월 12일 왕 요셉을 달단의 서만자 교우촌(현 하북성 장가구시張家口市 숭례구崇禮區 서만자진西灣子鎭)으로 보냈다. 시완쯔Xiwanze, 그 지방 사람들은 시방Sivang이라고도 부르는 서만자의 교우촌에 대해서는 브뤼기에르 주교가 마카오에 있을 때, 라자리스트회 대표부의 토레트Jean Baptiste Torrete 신부를 만나 이야기를 나눈 적이 있었고, 서만자의 라자리스트회 선교사 쉬에Sué(薛) 신부 즉 리치Schema Ricci(중국명 薛瑪竇 마태오, 1780-1860년) 신부로부터 환영한다는 긍정적인 답장을 받은 적이 있었다. 왕 요셉은 5월 27일 그곳에서 리치 신부를 만난 뒤 변문으로 출발했다.[47]

서만자 교우촌은 1829년에 북경을 떠난 라자리스트회 선교사들이 새롭게 마련한 선교 센터가 있는 곳이었다.[48] 브뤼기에르 주교는 조선에 한 발 더 가까운 이곳을 다음 목적지로 생각하고 있었던 것으로 보인다.

1834년 8월 29일 브뤼기에르 주교는 「유진길 아우구스티노 등이 보낸 1833년 10월 25일(양력 12월 6일) 자 서한」 2통을 수령했다. 첫 번째 서한에는 조선으로의 선교사 입국을 희망하면서도 구체적인 방법은 제시되지 않았다. 두 번째 서한에는 서양인이 조선으로 입국하기 어렵다는 점, 교황 사절을 통한 외교적 교섭의 필요성 등만 언급되어 있었다. 서한의 내용은 희망적이지 않았다.[49]

"죄인 유(진길) 아우구스티노 등이 아룁니다. … 천주의 지극히 자애로운 은총으로 비추어 주시는 큰 은혜와 우매하고 천한 사람을 가련히 여기시는 교황 성하의 지극한 덕과 용감하게 이곳에 부임하고자 하시는 주교님의 아름다운 뜻에 감사드립니다. … 내려 주신 말씀에 국경을 넘을 수 있는 방법을 정하라 하셨으니, … 저희들이 꾀를 내어 한두 가지를 알려 드리옵니다. 이미 본당의 신부님

(여항덕 신부)께서 먼저 이곳에 오셨던 일이 있으니, 상황을 살피고 여러 의견을 모아 그 방법과 절차를 상의하신 다음 시행하시면 ….".[50]

"본 교구 주교님께서 욕됨을 무릅쓰고 이곳에 임하시겠다는 가르침은 그 은혜가 저희들의 분수를 뛰어넘으니 어떻게 감사를 드려야 할지 모르겠습니다. 그러나 일은 비할 바 없이 중대하고 방법은 극히 어렵습니다. … 서양인은 외모와 물색이 중국인과 조선 사람과는 전혀 달라 … 특별히 중국인 신부님을 보낸다고 하셨습니다. 이제 인물과 정세는 그때보다 더욱 나빠졌고, 일을 주선하기도 정말 어렵습니다. … (중국의 광동이나 마카오에서) 배 한 척을 꾸미시어 교황 성하의 친서를 받들고 조선 변경에 이르신 다음(반드시 가까운 곳이어야 합니다.), 푸짐한 선물과 진상품으로 은근한 예의를 보이시고 교화를 청하시되 각국에 전교하려는 본의가 실로 천주를 사랑하고 사람을 사랑하는 정도正道에 관계된 것임을 분명히 고한다면 용납될 수 있는 길이 있을 것 같습니다."[51]

위의 유진길의 서한처럼 항상 조선 교우들은 선교사를 요청할 때마다 조선에 신앙의 자유를 얻을 수 있는 방법으로 교황의 친서와 함께 조선 임금에게 드리는 선물을 가지고 정식으로 들어오기를 바랐다. 그러나 그러한 절차로 선교사가 들어오지는 못했다.

9월 8일에 왕 요셉은 만주 봉황성 변문과 압록강을 통해 조선으로 들어가는 길을 확인하고 산서로 돌아왔다. 이에 주교는 서만자행을 결심하였고, 9월 22일 '자비와 온정의 확실한 증거들을 보여 주었던' 살베티 주교와 도나타 신부에게 하직을 고하였다. 브뤼기에르 주교는 다시 한번 서만자의 리치 신부가 호의적이라는 사실을 확인할 수 있었다.

브뤼기에르 주교가 서만자에서 조선 입국에 대해 고민하고 있을 즈음에 샤스탕 신부는 조선에 들어갈 방법을 모색하다가 여의치 않자 산동 선교지에서 성무를 집행하며 기다리고 있었다. 브뤼기에르 주교는 샤스탕 신부와 서한을 주고받으며 조선 선교를 우선하면서도 일본 선교의 가능성에 대해서도 의견을 나누었다. 이때의 '여행기'에는 일본 선교에 대한 관심이 드러난 기록이 많이 등장한다.

성 샤스탕 야고보 신부. 보디아니 작.

"나는 이 짧은 이야기가 일본 열도를 그리스도교로 다시 개종시키려는 열망으로 가득 찬 선교사들에게 기쁨을 안겨 주리라 믿습니다. 만일 일본이 그리스도교화 된다면, 근래 이단들로 말미암아 천주교가 입은 막대한 손실을 일부나마 만회할 수 있겠습니다. 우리는 결코 실망해서는 안 됩니다. … 이런 계획을 실행에 옮기는 것이 연약한 인간에게는 어쩌면 불가능하겠지만, 하느님께는 모든 것이 가능합니다."[52]

달단 여정과 서만자 교우촌 생활(1834.9-1835.10)

① 조선 교우들과의 접촉

1834년 9월 22일 산서 구급촌을 출발한 브뤼기에르 주교는 달단 여정을 시작하여 9월 29일 만리장성의 지선支線에 도착했고, 10월 7일에는 장가구張家口(오늘날 장자커우)를 통해 만리장성을 통과한 뒤 10월 8일 서만자 교우촌에 도착했다. 이곳에서 그를 맞이해 준 사람은 중국인 라자리스트회 리치(설 마태오) 신부와 복안을 떠난 뒤로는 만날 수 없었던 모방 신부였다.[53] 주교가 이곳 서만자에서 생활한 기간은 '1년'이었다. 브뤼기에르 주교는 그곳 지방에서 1년간의 기온 변화를 통해 경험한 추운 날씨를 『여행기』에 기록했다.

당시 서만자에는 리치 신부가 북경에서 이전해 온 예비 신학교

토굴 쪽에서 바라본 서만자의 풍경(2008년). 브뤼기에르 주교도 여기 머물며 저 멀리 흰 눈이 내려앉은 산을 바라보았을 것이다.

가 있었고, 새 성당도 짓고 있었다. 11월 13일에는 9월 17일 산서에서 북경으로 파견되었던 왕 요셉이 서만자로 귀환하였고, 이듬해인 1835년 1월 9일 브뤼기에르 주교는 위임장 및 편지를 써서 왕 요셉을 북경의 조선 교우들에게 파견하였다. 주교의 편지에는 다음과 같은 내용이 들어 있었다.

"여러분들의 결정이 어떠하든지 나는 예수 그리스도의 대리자에게서 위임받은 선교 의무를 다하기로 결심했습니다. 나는 음력 11월 중에 조선 국경으로 가겠습니다. 나는 여러분의 문을 두드릴 것이고, 교우 여러분들 스스로가 청하자 하늘이 자비를 베풀어 보내 주시는 주교를 받아들일 만한 용기를 가진 사람이 수천 명의 교우들 중에서 적어도 한 명쯤은 있는지 내 눈으로 직접 확인하겠습니다."[54]

브뤼기에르 주교는 이처럼 자신의 선교 여정은 교황의 칙서를 따르는 의무에서 이루어지는 것임을 밝히고, 이 의무를 이행하기 위해 어떠한 난관과 방해가 있더라도 반드시 조선에 입국하겠다는 의지를 표명했다. 짧지만 더없이 강렬한 표현이었다.

왕 요셉은 1835년 1월 19일 조선 교우들을 만나 협의한 뒤 1월

26일 여러 장의 편지들을 가지고 서만자로 귀환했다. 남이관(세바스티아노)과 조선 교우들이 브뤼기에르 주교에게 보낸 음력 1834년 11월 서한, 남이관 등이 남경 주교에게 보낸 1834년 말 서한, 여항덕 신부가 남경 주교에게 보낸 1834년 11월 18일 자 라틴어 서한, 여항덕 신부가 브뤼기에르 주교와 왕 요셉 형제에게 보낸 1834년 11월 18일 자 서한, 조선 교우들이 브뤼기에르 주교에게 보내는 1834년 12월 23일(양력 1835년 1월 21일) 자 서한 등이었다.[55] 특히 맨 뒤의 1834년 12월 23일 자 서한에서 조선 교우들은 "1835년 음력 11월에 교우들을 변문으로 보내 주교님을 영접할 것인데, 서로 알아보는 자호字號는 '만신萬信'으로 하자."[56]라고 약속했다.

브뤼기에르 주교는 이러한 약속에 크게 고무되었다. 그는 1월 29일 왕 요셉을 다시 한번 북경으로 파견했으며, 2월 7일 왕 요셉은 조선 교우들과 만나 몇 가지 물건과 약속한 돈을 조선 교우들에게 넘겨주고, 조선 교우들로부터 편지와 함께 조선에 입국할 때 갈아입을 조선 옷을 수령했다.[57]

② 산서 회장 장희의 활동과 박해 소식

1835년 2월 25일 브뤼기에르 주교는 왕 요셉을 남경으로 보내,

맡겨 둔 물품을 수거해 오게 했다. 주교는 3월 1일에는 조선 교우들이 북경을 출발하여 귀국길에 올랐다는 소식을 전했으며, 3월 30일에는 요동의 변문에 연락소를 개설하도록 요청하기 위해 산서 회장 '장희Tchang hi'에게 연락원을 파견했다는 이야기도 기록했다.[58] 1835년 5월 11일 서만자에 도착한 산서 회장 장희는 이틀 뒤에 연락원 2명과 함께 동부 달단 지역인 요동으로 출발했다.

브뤼기에르 주교는 1834년 6월 5일 움피에레스 신부에게 보낸 서한에서 사천 교구 선교사 앵베르 신부에 대해 칭찬을 아끼지 않았다.[59]

1835년 6월 17일 브뤼기에르 주교는 박해와 체포령 소식을 듣고는 마을 뒤의 토굴로 피신했다가 6월 23일 거처로 귀환하는 일이 있었고, 6월 26일에도 산속 오두막으로 피신했다가 7월 3일 거처로 귀환했다. 이로부터 얼마 지나지 않은 7월 12일 라자리스트회 선교사 물리J.M. Mouly(중국명 孟振生, 1807-1868년) 신부가 서만자에 도착했다.[60]

1835년 9월 8일에는 남경에 갔던 왕 요셉이 귀환했다. 이 충실한 길잡이는 중병에 걸려 운신이 어려웠음에도 브뤼기에르 주교를 조선 국경 지대까지 수행하길 원했으며, 출발을 서두를 것을 재촉하기까지 했다. 9월 28일 브뤼기에르 주교는 친구인 프랑스

브뤼기에르 주교가 피신했던 곳과 유사한 서만자의 토굴군.

에르 교구 총대리 부스케Bousquet 신부에게 편지를 작성하면서 이렇게 전했다. "드디어 조선 교우들이 도착하면 저희는 시련과 고통의 강물이 흐르는 약속의 땅 조선으로 들어가게 될 것입니다. 하느님께서 허락하시면 말입니다."[61] 여느 때와 마찬가지로 조선에 입국할 수 있을 것이라는 희망을 표명하면서도 하느님께서 허락하지 않으면 불가능할 것이라는 단서를 붙이고 있다.

1835년 10월 1일에는 산서 회장 장희가 변문 장터에서 5리가량 떨어진 곳에 연락소를 임대해 놓은 뒤 서만자로 귀환했다. 그 이튿날 브뤼기에르 주교는 파리 신학교 교장 랑글루아 신부에게 보낸 서한에서 자신이 오랫동안 관심을 보여 온 앵베르 신부를 교구장 서리나 부주교로 삼게 해 달라고 부탁했다.[62]

이제 조선으로 가는 길이 열리고, 이를 위한 준비가 하나씩 마련되고 있었다. 1835년 10월 5일 브뤼기에르 주교의 여행기는 "요동 지방 일부를 파리외방전교회에 위임해 주도록 교황 성하께 촉구해 주십시오."라는 당부로 끝을 맺었다.[63] 10월 6일에는 마카오의 르그레즈와 대표 신부에게 보내는 마지막 서한도 작성했다. 이제 준비는 다 되었다. 그토록 열망했던 조선 선교지가 바로 앞에 보였다.

"저희는 내일 길을 떠나려고 합니다. 앞으로가 제 여행 중 가장 험난한 여정입니다. 제 앞에는 온갖 어려움과 장애와 위험만이 도사리고 있습니다. 저는 머리를 숙이고 이 미로 속으로 몸을 던집니다."[64]

마지막 고난의 길과 마가자 교우촌에서 선종 (1835.10.7-10.20)

1835년 10월 7일 브뤼기에르 주교는 라자리스트회 선교사들과 모방 신부와 작별하고, 중국인 라자리스트회 고R.P. Ko 신부 및 연락원들과 함께 서만자 교우촌을 떠났다. 그의 첫 목적지는 이미 정해져 있었다. 산서 회장 장희가 말한 대로, 장희의 고향이자 그의 집(혹은 장희의 친척 집)이 있던 마가자라는 교우촌이었다.[65]

그러나 주교의 몸은 온전한 상태가 아니었다. 다리가 부었다가 가라앉았다는 기록으로 보아 '수종증水腫症'에 걸렸을 것이라고 추측하는 이들도 있다. 두통도 심하여 출발 2-3일 전에는 구토까지 하였고, 동상도 걸렸다.[66]

「모방 신부가 르그레즈와 신부와 파리 본부 신부들에게 보낸 1835년 11월 9일 자 서한」[67]에 따르면, 브뤼기에르 주교는 출발 다음날인 10월 8일 오호五號(우하오, 현 장가구시 숭례구 오호촌) 마을에 도착하여 이튿날 하루 동안 휴식을 취해야만 했다. 10월

브뤼기에르 주교의 선종지인 마가자의 동산 천주당.

10일 다시 길을 떠난 주교 일행은 10월 15일 라마묘喇嘛廟(라마미아오, 현 내몽고자치구 시린궈러맹锡林郭勒盟 다륜현多倫縣)에 도착하여 다시 휴식을 취하였다.

주교 일행이 첫 번째 목적지인 마가자 교우촌에 도착한 것은 1835년 10월 19일이었다. 모방 신부가 '피엘리쿠pielikeou(別拉溝)'[68]라고 표기한 마가자 교우촌은 현재의 내몽고자치구 적봉시赤峰市 송산구松山區 동산향東山鄕이다. 이 마을은 2004년 7월 6일 브뤼기에르 주교의 원무덤 자리와 함께 정확히 확인되었다.[69] 당시에 이용된 자료는 파리외방전교회의 「만주 선교 지도Mission de Mandchourie」였다.

브뤼기에르 주교는 이 마을에서 보름 동안 체류할 예정이었다. 그러나 하느님께서는 이마저 허락하지 않으셨으니, 이튿날인 10월 20일 그분께서 브뤼기에르 주교를 자신의 품으로 불러들이신 것이다. 모방 신부는 브뤼기에르 주교의 마지막 순간을 이렇게 기록하였다.

"(10월 20일 저녁) 주교님께 면도를 해 드린 다음에 중국식으로 머리를 다듬는 조발을 마무리한 순간, 갑자기 주교님은 너무 고통스러운 나머지 두 손으로 머리를 감싸며 소리를 지르셨답니다. (중국어로 Ho Ya Yaille) 이어 침상에 쓰러져 프랑스어로 예수 마리아 요셉을 부르셨는데, 이것이 주교님의 마지막 말씀이었답니다. 옆에 있던 고 신부가 급히 달려갔으나 주교님은 한마디 말씀도 하지 못하셨답니다. 이에 고 신부는 병자성사를 드리고 전대사를 베푼 다음 옆에서 임종을 돕는 기도를 바쳤다고 합니다. 저녁 8시 15분경에 주교님은 하느님께 당신 영혼을 바치셨다고 합니다."[70]

그때까지 서만자에 남아 있던 모방 신부[71]는 1835년 11월 1일 마가자로 갔다가 돌아온 연락원 두 명으로부터 브뤼기에르 주교의 선종 소식을 전해 들었다. 즉시 길을 떠난 모방 신부는 11월 17일 마가자에 도착했고, 18-19일에는 고 신부와 함께 '망자를 위한 저녁 기도'를 바치고 연미사를 봉헌했다. 20일에는 주교의 유해를 소성당에 안치했고, 11월 21일, 곧 '복되신 동정 마리아의 자헌 기념일'이 되는 토요일에는 교우들이 참석한 가운데 장례미사를 봉헌하고 장례 예식서에 따라 주교의 시신을 안장했다. 그런 다음 "장희 씨와 그의 친척들에게 무덤 옆에 비석을 세우고 여기에 주교님의 중국식 성姓인 '소蘇' 자를 새기게 했으며, 주교님의 직책, 연세, 돌아가신 때도 새기도록 부탁" 했다.[72]

6. 유해 발견과 묘지 이장

브뤼기에르 주교가 선종한 지 60여 년이 지난 1897년 11월 29일, 북경 주재 프랑스 공사관의 부속 의사 마티뇽Jean-Jacques Matignon(1866-1928년) 박사는 몽골과 시베리아 국경 인근에서 발생한 흑사병에 대해 연구하던 중, '펠리고Pé-li-gô' 즉 마가자 마을을 방문했다. 개신교 신자였던 그는 그곳에서 발견한 브뤼기에르 주교의 무덤을 직접 촬영한 후, 그 사진을 경성(서울)에서 만난 적이 있던[73] 제8대 조선(경성) 대목구장 뮈텔G. Mutel(민덕효閔德孝, 1854-1933년) 주교에게 전달했다.[74]

1931년 조선 대목구에서는 조선 대목구 설정 100주년을 맞이하여 중국 달단 지역 어딘가에 안장되어 있을 브뤼기에르 주교의 유해를 경성으로 이장하기로 결정했다. 조선 대목구 보좌 주교였던 라리보A. Larribeau(원형근元亨根, 1883-1974년) 주교는 1931년 8월

마티뇽 박사가 발견한 브뤼기에르 주교 원무덤과 묘비.

8일 자로 송수취자松樹嘴子(현 차오양시 차오양현朝陽縣 동다툰향東大屯鄉 시이촌土毅村)⁷⁵의 동몽골 대목구장, 즉 제홀Jehol(熱河) 대목구장⁷⁶인 성모성심회의 아벨Conrad Abels(중국명 葉步司, 1856-1942년) 주교에게 서한을 발송하여 '브뤼기에르 주교의 유해를 경성으로 이장하기를 희망한다.'라고 밝혔다. 이에 아벨 주교는 8월 16일 '유해 봉송에 적극 협조할 것이고, 마가자 사제들에게 유해를 발굴하도록 하겠다.'라고 답신을 보냈다.⁷⁷

9월 4일에는 차오(Tchao, 조 루카) 신부 등 마가자 성당 사제들 네 명이 브뤼기에르 주교 무덤에서 유해를 발굴한 뒤 유해 상자에 서명했고, 9월 14일에는 마가자 성당 사제가 유해 상자를 가지고 송

라리보 주교.

수취자 주교관에 도착했다. 이에 아벨 주교는 경성의 라리보 주교 및 금주錦州 본당 코르동 Cordon 신부에게 서한을 발송하면서 "대목구청의 알베르 Albers 신부가 유해 상자를 금주 성당으로 봉송할 예정"이라고 전했다. 9월 17일 유해 상자를 받은 코르동 신부는 마르카데 Marcadé 신부, 리갈 Rigal 신부와 함께 세관 통과를 위해 유해 상자를 열고 재봉인했다.[78]

1931년 9월 17일 오후 7시 45분 코르동 신부는 브뤼기에르 주교의 유해 상자를 들고 묵덴, 즉 봉천(평톈奉天, 현 선양瀋陽) 대목구청으로 가서 블루아 J.M. Blois(중국명 衛 요한, 1881-1946년) 주교에게 인계했다. 그 이튿날 봉천의 프랑스 영사 크레펭 P. Crépin은 조선 대목구에서 알려 온 대로 프와요 G. Poyaud(표광동表光東, 1877-1950년) 신부가 봉송하게 될 유해 상자 확인서를 발급했으며, 블루아 주교는 뮈텔 주교에게 서한을 발송하면서 "유해가 정해진 날짜 즉 9월 24-25일 경성에 도착할 수 있기를" 염원한다고 전했다.[79] 프와요

용산 성당 성직자 묘역의 브뤼기에르 주교 묘석.

신부는 유해 상자를 경성으로 가져가기 위해 9월 21일 이전 봉천에 도착했다.

 1931년 9월 21일 저녁, 블루아 주교에게 유해 상자를 인계받은 프와요 신부는 9월 22일 장엄 연미사를 봉헌했다. 이튿날 봉천을 출발한 프와요 신부와 브뤼기에르 주교의 유해는 안봉선(안동-봉천)과 경의선(경성-신의주) 철도를 이용하여 9월 24일 10시경, 경성 주교관에 도착했다.[80] 이렇게 해서 브뤼기에르 주교는 유해가 되어 생전에 그토록 들어가고자 했던 조선 땅의 조선 대목구 주교관에 도착했다. 1835년 10월 20일 머나먼 마가자 교우촌에서 선종한 지 96년 만이었다. 이후 주교의 유해는 약 20일 동안 주교관에 안치되었다.

1931년 10월 14일에는 브뤼기에르 주교의 유해를 새로 마련된 관으로 옮겼다. 이튿날인 10월 15일에는 명동 대성당에서 장엄 연미사가 봉헌되었으며, 자동차와 상여로 운구되어 용산 삼호정三湖亭 교회 묘역에 예절대로 안장되었다. 그날의 상황을 당시 교계에서는 이렇게 기록했다.

"소 주교의 백골을 중국 직예성(열하성熱河省의 잘못) 마가즈 혹 삘니구라고도 하는 곳에서 옮겨 왔는데, 비록 96년 된 백골이나 모든 골격이 다 완전할 뿐만 아니라 두발과 또는 그 머리에 덮었던 비단 모자까지 썩지 않았으니, 귀한 시체이므로 귀하게 보존되었다.

브뤼기에르 주교의 묘역이 위치한 용산 성당.

"… 이번 달 15일 오전 9시에 두 분 주교께서 대례 연미사를 거행하시고 사도 예절을 마친 후 자동차 상여에 모시어 용산 삼호정 교회 묘역으로 발인할 때 … 묘역 근처에 이르러서는 약현 본당 교우들이 미리 가져온 교회식 조선 상여에 옮겨 모시고 묘역에 들어가서 모든 주교·신부 무덤 가운데에 예절대로 안장하였다."[81]

이후 마가자 무덤과 묘비는 그대로 보존되었다. 그러다가 문화대혁명 초기인 1967년경 마가자 인근의 대장방촌大杖房村 구판 협동 조합 건축 때, 주교의 묘비를 옮겨 와 섬돌로 사용했다. 2004년 7월 6일에 양업교회사연구소의 차기진 박사가 동산, 즉 옛 마가자에서 브뤼기에르 주교 원무덤을 확인하였고, 다음 해 12월에는 대장방촌의 구판 협동 조합 매입자인 왕자춘王子春이 묘비 섬

돌을 확인하여 동산 천주당 주임 신부인 우슈강武樹剛 신부에게 알렸다. 이에 그곳의 리진타오李金濤 신부는 2006년 1월 10일 대장방촌으로 가서 원묘비를 촬영한 후, 12일 성당으로 옮겼으며, 1월 15일 개포동 성당 염수의 신부에게 이 소식을 전하면서 메일로 사진을 전송하였다. 1월 18일 차기진 박사는 이 묘비 사진과 마티뇽 박사의 묘비 사진을 대조 확인해 서로 일치한다는 사실을 발표했다.[82] 기적과도 같은 일이었다.

브뤼기에르 주교의 묘소 발견 및 이장 연표

연도	날짜	장소	이벤트 및 관련 정보[83]
1897년	11월 29일	마가자 교우촌	북경 주재 프랑스 공사관 부속의 마티뇽 박사가 브뤼기에르 주교의 무덤 촬영, 제8대 조선 대목구장 뮈텔 주교에게 사진 전달
1931년		경성(서울)	조선 대목구 설정 100주년을 맞아 브뤼기에르 주교의 유해 이장 결정
1931년	8월 8일	경성	조선 대목구 보좌 주교 라리보 주교가 제훌 대목구장 아벨 주교에게 이장을 희망하는 서한 발송
1931년	9월 4일	마가자	마가자 성당 사제 4명이 브뤼기에르 주교의 유해 발굴

1931년	9월 14일	송수취자	유해를 모신 마가자 성당 사제가 제홀 대목구 교구청이 있는 송수취자 주교관 도착
1931년	9월 17일	봉천	코르동 신부가 봉천 대목구청으로 이송, 블루아 주교에게 인계
1931년	9월 21일	봉천	블루아 주교, 유해를 프와요 신부에게 인계
1931년	9월 22일	봉천	장엄 연미사 봉헌
1931년	9월 23일	봉천	프와요 신부가 유해를 모시고 봉천 출발
1931년	9월 24일	경성	경성 주교관에 유해 도착
1931년	10월 14일	경성	브뤼기에르 주교의 유해를 새로운 관에 안치
1931년	10월 15일	경성	명동 대성당에서 장엄 연미사 봉헌, 용산 삼호정 교회 묘역에 안장
1967년		대장방촌	문화 대혁명 시기, 묘비석 분실, 마가자 인근 대장방촌 구판 협동 조합 건물의 섬돌로 이용
2004년	7월 6일	동산	동산(옛 마가자)에서 브뤼기에르 주교 원무덤 확인(차기진 박사 조사)
2005년	12월	대장방촌	왕자춘(대장방촌 구판 협동 조합 건물 매입자)이 묘비석 발견
2006년	1월 10일	대장방촌	동산 천주당 리진타오 신부가 묘비석 촬영
2006년	1월 12일	동산	묘비석을 동산 천주당으로 이전
2006년	1월 15일	동산	개포동 성당 염수의 신부에게 사진 전송
2006년	1월 18일	동산	마티뇽 박사가 촬영한 묘비석 사진(1897년)과 일치 확인(차기진 박사 대조)

3장

'하느님의 종'
브뤼기에르 주교의
업적과 신앙 유산

　브뤼기에르에게는 안정적이고 편안한 미래가 펼쳐져 있었다. 차부제품을 받은 후에는 곧바로 카르카손 소신학교의 교사로 임명되었고, 사제품을 받은 지 얼마 되지 않아 신학교의 교수가 되었다. 26세의 어린 나이임에도 교수와 학장직을 역임하고, 명예참사위원으로도 활동한 기록을 보면, 그의 명민함 또한 알 수 있다. 그러나 브뤼기에르 신부는 안정적인 미래에 안주하지 않았다.

　외방 선교에 대한 관심이 커진 그는 파리외방전교회에 입회해 미래를 기약할 수 없는 곳, 신앙을 청하는 더 먼 곳으로 선교를 떠났다. 조선의 신자들을 향한 브뤼기에르 주교의 걸음은 결국 조선의 국경을 넘지 못했지만 그의 삶이, 그의 여정이 실패한 것은 아니었다. 그렇다면 오늘의 우리가 브뤼기에르 주교에게 얻을 수 있는 교훈에는 어떤 것들이 있을까?

1. 영성

인간 구원에 대한 열망

- 더 외로운 곳으로 떠난 선교 사제의 삶

파리외방전교회는 1658년 설립 이후 아시아 지역에 4,300여 명의 선교사를 파견했고, 조선에는 1831년 브뤼기에르 주교를 위시해 2004년까지 173여 명의 선교사를 파견했다. 그 가운데 순교한 이는 12명이었고 박해 중에 병사하거나 피살된 선교사도 있었다. 파리외방전교회의 회칙 194항은 '선교 지역으로의 출발은 돌아온다는 생각을 하지 않는 것'이라고 한다. 또한 선교사를 파견하면서 부른 노래에서는 그들의 의지와 함께 선교 여정의 험난함까지도 함께 느낄 수 있다.

"그대들의 발자취는 얼마나 아름다운가. 친구들이여, 이생에서는 안녕, 언젠가 천국에서 다시 만나리."

그러한 길을, 영광과 권위의 길이 아닌, 고난과 죽음의 여정을 브뤼기에르는 머뭇거리지 않고 자원한 것이었다.

"이런 위험한 사업을 맡을 신부가 누구이겠습니까. 제가 하겠습니다."[84]

브뤼기에르는 신학생 시절에 이미 선교사로서 자신이 파견되기를 바랐다. 그는 신학생 시절 부모에게 쓴 편지에서 "은혜롭게도 하느님 친히 제게 선교사가 되라는 열망을 심어 주셨다고 생각합니다."[85]라며 그의 결심을 전했다.

그는 선교사가 되려는 열망을 확인하기 위해 그 마음을 억눌러 보기도 했지만, 결국 선교사의 길이 하느님께서 이끄시는 길임을 깨달았다. 스스로를 부모님의 가장 사랑받는 아들이라고 한 브뤼기에르는 편지의 말미에 "우리가 이 세상에서 잠시 헤어지지만 총 하느님 나라에서 영원히 함께하기를 주님께 기도합니다."라며 부모님을 향한 미안함과 하느님의 뜻을 따르고자 하는 선교사로서의 다짐을 함께 표현하기도 했다.

출발Le Départ, 샤를 루이 드 쿠베르탱, 1868년, 파리외방전교회.
조선으로 떠나는 네 명의 선교사를 환송하는 그림이다. 뒤를 돌아보는 아이는 샤를 루이 드 쿠베르탱의 아들이자, 근대 올림픽의 창시자 피에르 드 쿠베르탱이다.

브뤼기에르 주교가 페낭에 머물며 카르카손 교구의 대신학생들에 보낸 서한[86]에는 선교에 대한 열정이 그대로 드러나 있다.

"이들은 자기네에게 하느님 나라 길을 가르쳐 줄 친절한 선교사를 기다리고 있는 것만 같습니다. 신학생 여러분, 그러니 이처럼 풍성한 수확을 거두러 오십시오. … 신학생 여러분, 숭고한 열망을 품으십시오. 복음을 처음으로 전한 사도들의 발자취를 따라가겠다는 열정을 품으십시오. … 우리 자신의 기도와 우리가 하느님의 도구가 되어 구원하려는 사람들의 기도를 합친다면, 우리는 하느님의 자비에 많은 희망을 걸 수 있고 또 걸어야 합니다."

하느님의 영광만을 추구하는 신앙
- 신앙인의 삶을 보여 주는 표양

브뤼기에르 주교는 현실에 안주하지 않았다. 신학교에 들어가 어린 나이에 사제로 서품을 받은 그는, 26세에 카르카손 대신학교의 교수이자 철학 학과장, 교구 명예 참사위원으로 임명되어 앞날이 촉망되는 인재였다. 그랬던 그가 불현듯 33세의 나이에 파리 외방전교회에 입회하여 선교 사제가 되는 길을 걸었다. 그는 부모에게 보낸 편지에서 "저는 오직 하느님의 영광만을 추구합니다."[87]

라고 말했다.

"예수님께서 제자들에게 말씀하셨다. '누구든지 내 뒤를 따라오려면, 자신을 버리고 제 십자가를 지고 나를 따라야 한다. 정녕 자기 목숨을 구하려는 사람은 목숨을 잃을 것이고, 나 때문에 자기 목숨을 잃는 사람은 목숨을 얻을 것이다.'"(마태 16,24-25).

브뤼기에르 주교는 예수님의 이 말씀을 충실히 따랐던 이였다. 카르카손에서 파리로, 보르도로. 프랑스에서 동남아시아의 바타비아, 페낭, 마닐라와 마카오, 중국 대륙을 종단해 거칠고 황량한 서만자의 토굴에서 주교의 선종지인 마가자의 교우촌까지. 그는 그 모든 길을 자기의 십자가를 지고 걸었다. 그는 자신을 위한 삶보다 하느님을 위한 삶을 살고자 했다.

그는 끊임없이 하느님의 뜻을 따랐고, 하느님께서 해 주시리라는 믿음으로 불가능해 보이는 일들을 해 나갈 수 있었다.

"그 나라에 뚫고 들어가기가 불가능하다고 가정합시다. 그러나 불가능한 것도 시도해 보아야 합니다. 사람의 눈에 불가능한 것으로 보이는 것도 하느님께는 불가능하지 않으니까요."[88]

"하느님께서는 저희가 이 모든 과업과 여로의 끝에서 천국을 만나도록 해 주시옵소서. … 저희가 이런 혼란의 소용돌이 속에서도 굳건히 버텨 내고, 그리하여 결국 약속된 땅으로 들어가게 되도록 자비로우신 하느님께 빌어 주옵소서."[89]

브뤼기에르는 선교 사제이자, 주교, 모험가 등 그 모든 것 이전에 하느님을 찾고 그분의 뜻에 맞갖게 자신을 던진 참된 신앙인이었다.

2. 세계 교회의 일원이 된 한국 교회

조선 대목구 설정과 파리외방전교회의 조선 선교 결정에 기여

조선의 신앙인들은 자신들의 관할 주체인 북경 교구뿐 아니라 교황청에 사제를 요청하는 청원을 제기했다. 그 호소에 응답한 이가 바로 브뤼기에르 주교였다. 브뤼기에르는 신학생 시절에 이미 『전교회지』를 통해 조선의 교회 공동체에 관한 소식을 알고 있었다.

브뤼기에르 신부가 시암 대목구에서 사목 활동을 하던 중, 교황청 포교성성의 카펠라리 추기경이 파리외방전교회에 조선 선교를 제의했고, 전교회는 본부와 선교 지역의 주교들에게 의견을 물었다. 브뤼기에르

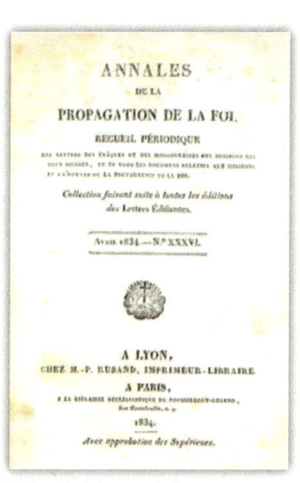

『전교회지』(1834년판).

는 1832년 페낭을 떠나기 전에 작성하기 시작한『여행기』에서 조선에 대해 젊은 시절부터 알고 있었으며, 포교성성의 제안에 의견을 구하는 파리외방전교회 본부의 서한을 본 후에는 조선으로 가고 싶은 열망이 더욱 커졌다고 밝혔다.

"성공은 거의 불가능하다고들 합니다. - 하지만, 불가능해도 시도는 해 봐야지요. … 하느님께서 과연 나중에 버리시려고, … 그 먼 조선에 그리스도교인들을 만드는 기적을 베푸셨을까요? 하느님의 섭리는 그런 것이 아닙니다. 선교사 딱 한 명만 보내 보십시오. 그가 성공을 거둔다면 이내 그의 뒤를 따를 동료들이 생겨날 것입니다."[90]

브뤼기에르 주교는 전교회가 조선 선교를 맡기 어렵다는 주장에 조목조목 반론을 달아 전교회가 조선 선교를 맡아야 하는 이유를 강력하게 주장했으며, 조선 선교를 결정한다면 앞장서 조선으로 가겠다고 자신의 의지를 밝혔다.[91]

"저 불운한 조선 교우들에게 선익이 되기를 원하는 간절한 마음이 있기 때문에 그들을 위해 이 편지를 씁니다."

파리외방전교회의 입장	브뤼기에르 신부의 반론
1. 기금이 없다	· 전교 후원회 및 포교성성의 보조금이 있다. · 전교 후원회는 선교 열정이 있으며, 열정이 줄더라도 대비할 시간이 있을 것이다. · 지금까지 불가능해 보인다고 포기한 적은 없었다.
2. 선교사가 없다	· 선교를 지원하는 젊은 신부는 언제나 적었다. · 그럼에도 지원자를 구할 방법은 있다. · 한 사람을 구하면 열 사람이 올 것이다.
3. 다른 선교지에도 급한 일이 많다	· 조선인들의 사정만큼 급한 일은 없다. · 불쌍한 이들에게 가진 것을 나눠 주는 것이 애덕이다. · 한두 명의 신부는 우리에게 큰 공백은 아니겠지만, 저들에게는 큰 은혜가 될 것이다.
4. 조선 입국이 힘들다	· 가장 합당한 이유일 것이나, 어렵다고 해서 불가능한 것은 아니다. · 이미 중국인 주문모 신부의 입국 사례가 있다. · 예수님께서 사도들을 파견하실 때, 조선을 빼고 말씀하시지는 않았을 것이다.
5. 일이 너무 많으면 제대로 하기 어렵다	· 옛 격언이 언제나 옳은 것은 아니다. · 이를 기회로 사제 지망자가 더 늘 수도 있다. · 조선에서의 성공은 타타르(달단: 몽골)나 일본 지역 전교로도 이어질 것이다.

그 결과 교황 그레고리오 16세는 북경 교구에서 분리된 조선 대목구를 신설했고, 파리외방전교회에 대목구의 관리를 맡겼으며, 초대 대목구장으로 브뤼기에르 주교를 임명했다. 조선의 교회 공동체가 정식으로 설립된 순간이었다.

그러나 조선 대목구가 설정되었다 하더라도 당시 조선의 상황은 전교는커녕, 입국조차도 목숨을 걸어야 할 정도로 위험한 상황이었다.

하느님과 조선의 신자들에게 바친 삶

브뤼기에르 주교는 비록 조선에 입국하지 못하고 병으로 세상을 떠났으나, 조선의 복음화를 위해 서슴없이 그 위험한 여정으로 뛰어들어 몸소 신앙의 꽃을 피우는 밑거름이 되었다. 그는 1826년 말에(혹은 1827년 초) 카르카손 교구의 귀알리 신부에게 보낸 서한에서 만약 자신에게 조선 선교의 기회가 주어진다면, 즉시 조선으로 출발하겠다고 밝혔다.[92]

파리외방전교회 신학교의 랑글루아 교장 신부에게 보낸 1827년 2월 4일 자 서한에서는 조선 교우들의 상황을 전하면서 "어째서 저 불쌍한 조선 교우들을 돌볼 사제가 온 유럽에 하나도 없단 말입니까?"[93]라며 안타까움을 드러냈으며, 1829년 5월 19일 파리외방전교회 본부의 지도 신부들에게 보낸 서한에서는 "이들의 운명은 여러분의 손에 달려 있으니 여러분이 계속해서 자애롭게 보살펴 주면 이들은 살 것이고 그와 반대로 저버리면 틀림없이 죽을 것입니다."[94]라고 한 성 빈첸시오 드 폴의 말을 인용하여 조선

교우들을 위해 파리외방전교회가 나서야 함을 역설했다.

한편으로는 조선에 관한 정보를 갖고 있는 이들에게 조언을 구하는 서한을 보내 조선 선교를 위한 계획을 구체화하고자 했다. 1829년 5월 29일 브뤼기에르는 마카오 주재 라자리스트회 라미오 신부에게 조선 선교에 관한 열두 가지 질문을 담은 서한을 보내 자문을 구했다(152쪽 참조). 라미오 신부는 북경에 머물며 조선 선교지에 대한 서한을 작성했고 조선 교우들의 편지를 번역·감수하기도 했던 인물이었다.

브뤼기에르는 이 서한에서 로마와 파리 그리고 전교회에도 서한을 쓰고 있다고 밝히면서 이 서한들을 쓴 이유에 대해 라미오 신부에게 이렇게 말했다.

"그리스도교가 줄 수 있는 모든 위로를 여러 해 동안 받지 못하고 있는 조선 교우들에게 구원의 손길을 내미는 문제이기 때문입니다. … 우리 회 사제들의 조선 선교 임무를 수락해 주시고, 저를 조선으로 파견해 주십사 하는 것입니다."[95]

브뤼기에르 주교는 오로지 조선 신자들을 위해 애쓰면서 자신을 도와주었던 움피에레스 신부에게 감사의 서한을 보내며 이렇

브뤼기에르 주교가 라미오 신부에게 보낸 서한에 담긴 질문
1. 북경으로 서한을 보내 조선 교우에게 선교사가 만나러 갈 거라 전할 방법이 있는가?
2. 조선으로 가려는 유럽인 선교사가 북경에 잠입할 방법이 있는가?
3. 그것이 불가능하다면 북경 외곽의 마을에서 조선 교우들을 만날 방법이 있는가?
4. 북경으로 편지를 보내 산서나 사천에서 조선 교우들을 만날 방법이 있는가?
5. 그렇다면 산서와 사천 중 적당해 보이는 곳은 어디인가?
6. 위의 방법이 어렵다면, 그들과 만리장성에서 만날 방법이 있는가?
7. 해로海路의 이용은 불가능한가? 아니면 어려운 것인가?
8. 해로를 이용했을 때, 조선에 상륙하기 적당한 곳은 어디인가?
9. 조선과 무역하는 이들은 중국인들뿐인가? 조선인들이 무역을 위해 중국으로 오는 경우는 없는가?
10. 조선 교우가 육로로 광동이나 마카오까지 오는 것은 불가능한가?
11. 위의 방법이 모두 불가능하다면 타타르(몽골)나 러시아를 경유할 수는 없는가?
12. 위의 방법보다 쉬운 방법이 있다면 제안해 줄 수 있는가?

게 덧붙였다.

"제가 만일 조선으로 파견되어야 한다면, 되도록 속히 파견되길 바랍니다."[96]

1831년 9월 9일 교황 그레고리오 16세는 조선 대목구의 신설을 알리고 브뤼기에르 주교를 대목구장으로 임명하는 칙서를 보냈다. 1832년 7월 25일 이 소식을 전해 들은 브뤼기에르는 1832년 11월 18일 조선 교우들에게 보낸 서한에서 자신의 의지와 계획을 이렇게 밝혔다.

"조선 왕국에 도착하면, 그곳에서 우리는 죽음에 이르기까지 온 삶을 바칠 것입니다. 그리고 여러분의 위로를 위하여 성사를 거행하고 성교회의 경계를 넓혀 나갈 조선인들을 사제로 서품할 것입니다."[97]

브뤼기에르 주교는 조선 교회가 탄생하고 성장하여 후세에까지 건강하게 이어지도록 초석을 준비하고자 했다. 비록 그는 조선 땅을 채 밟지 못하고 선종했지만 그 직후 브뤼기에르 주교가 계획했던 길을 모방 신부가 그대로 밟아서 조선에 입국했고, 김대건과 최양업, 최방제(신학생 때 선종함) 세 신학생을 선발해 마카오로 보냈다. 그다음에는 샤스탕 신부, 앵베르 주교 등 다른 선교사들이 조선 교회의 기틀을 함께 마련했고, 이는 곧 한국 교회의 성장을 이끌어 갈 조선인 사제들을 양성하는 마중물이 되었다.

3. 방대한 기록 유산

　브뤼기에르 주교는 바타비아와 페낭, 마닐라와 마카오, 중국의 복건, 절강, 산동(직예), 산서와 내몽골에 이르는 긴 여정을 거치면서 숨을 거두기 직전까지 기록을 남겼다. 교황청과 파리외방전교회, 지역 대목구의 주교와 신부들에게 보낸 서한들과 1832년 페낭을 떠나기 직전의 상황부터 3년여의 일정을 다룬 주교의 『여행기』에서는 그가 머물렀던 곳의 환경과 식생, 풍속, 관료들의 분위기 등의 정보뿐만 아니라 서로 다른 수도회 사이의 분쟁 또는 협력, 교회를 바라보는 시선, 다른 종교의 전파 상황, 전교에 대한 가능성과 그 여정에서 있었던 일들을 비교적 상세하게 다루었다.

　"이 여행기는 여러분들이 모르는 많은 것들을 알려 줄 것입니다. … 이 여행기는 나의 뒤를 이어서 올 젊은 후임 선교사들에게 유용하게 쓰일 것입니다. … 내가 저지른 실수와 경솔함마저도 그들에게 성공을 이뤄 내는 방법들의 단초가 될 수 있을 것입니다."[98]

이는 200년 가까운 시간이 지난 오늘날에 당시의 상황을 알려 주는 귀중한 자료이다. 오늘날 근현대 시기 이전 민중의 삶을 알 수 있는 자료는 많지 않다. 특히 동양 사회에서는 관찬官撰 사료 외에는 기록뿐만 아니라 편찬 및 보관 등에도 어려움이 많았다.

그런 의미에서 전쟁과 재해 등을 거치며 민중의 풍속과 환경 등을 다룬 자료들 중 소실되지 않고 남아 있다는 점에서 브뤼기에르의 『여행기』와 『서한집』이 갖는 의미는 결코 작지 않다.

브뤼기에르 신부가 페낭 북부 지역의 '케다'라는 곳에 도착해 머물며 관찰한 기록에는 처음 코끼리를 보고 놀라워하는 내용이 등장한다.

"저는 코끼리의 키와 덩치를 보고 놀랐습니다. 유럽에서 타는 말들은 이 나라의 코끼리와 비교가 안 됩니다. 코끼리는 키가 3m 전후이고 상아는 길이가 1m, 굵기가 30cm나 됩니다. 밀림에서 살던 그 힘세고 무서운 짐승이 길들여진다는 게 불가사의합니다. 10세가량의 어린아이가 마음대로 그 코끼리를 부립니다."[99]

그러면서도 그는 세심한 관찰을 멈추지 않는다.

"진창을 지나가기가 어려우면 그 널찍한 배를 바닥에 대고 진창 위로 기어갑니다. 그렇게 해서 몸의 무게를 넓은 면적에 분산시켜 덜 빠지게 되는 것입니다. 가다가 늪이나 진창을 만나면 코로 그 깊이를 잽니다. … 코를 지렛대처럼 사용해 매우 가파른 산에 오르기도 합니다."

당시 유럽인에게는 생소할 수밖에 없는 동식물과 환경 등은 그들에게 치명적인 위협이 될 수도 있는 것들이었다. 그러한 순간에도 브뤼기에르는 대상을 분석하고 파악하여 기록을 남김에 소홀하지 않았다. 조선 입국을 위해 서만자에 도착해 머물렀을 때에는 그곳의 추위에 대해 설명하며 1년간의 기온 변화를 수치와 함께 제시했다.

"이 근방의 온도는 영하 30도까지, 때로는 그 이하로까지 내려갑니다. 그래서 독한 포도주를 제외한 모든 액체가 얼어 버립니다. … 손이 축축하기만 하면 이내 물건이 손가락에 착 달라붙어서, 그것을 떼어 내려면 이따금 살갗이 떨어져 나가기도 합니다."[100]

브뤼기에르 주교가 기록한 서만자 지역의 연중 기온 변화
9월: 영하 3-4도
10월 20-22일: 영하 9.5도
11월 말: 영하 14.5도
12월 31일: 영하 23.2도
1월 7일: 영하 26도, 서만자 근방은 영하 30도(가끔은 그 이하)
2월 중순: 영하 20도
3월 18-20일: 영하 17도 정도
4월 15일: 영하 13도
5월 8일: 영하 10도
6월 7일: 영하 3.25도, 6월 20일에는 0도
7월은 내내 시원하고 비가 왔습니다.
8월 말에는 온도계가 0도를 가리키고 있는 듯했습니다.
9월 25-28일에는 혹독하게 얼어붙은 날씨였습니다.

    이러한 강추위는 주교의 건강에 부정적인 영향을 미쳤을 것이다. 실제로 그는 마지막으로 작성한 서한의 말미에 동상에 걸려 글씨가 고르지 못함을 사과하는 글[101]을 덧붙였다.

    브뤼기에르 주교가 1832년 12월 14일 프랑스 리옹의 『전교 후원회 연보』 편집자와 후원 회원들에게 보낸 서한[102]에는 흥미로운 내용이 들어 있다. 전교 후원회의 지원에 감사함을 표하는 인사 조선 천주교회 약사가 실린 『전교 후원회 연보』(1833년판).

로 시작하는 이 서한에 조선 천주교회의 약사略史를 포함시킨 것이다. 조선에 대한 간략한 정보를 제시한 후, 임진왜란 중에 복음이 처음 전해졌다는 이야기와 당시 신앙을 받아들였던 조선인들의 이야기를 다루고 있다. 이후 이승훈의 세례와 명례방 사건, 진산 사건과 신해박해(1791년), 주문모 신부의 입국과 을묘(1795년) · 신유박해(1801년), 몇몇 순교자들[103]의 행적과 명단을 전했다.

그렇게 그가 남긴 기록은 당시의 유럽인들에게는 생소했던 아시아 각 지역의 정보를 제공했을 뿐만 아니라, 후대에도 소중한 정보를 생생히 전해 주는 역사서, 지리서, 풍속서이기도 했다.

이처럼 브뤼기에르 주교는 신앙심과 성덕 모두에서 '하느님의 종'으로 불리기에 모자람이 없는 삶을 살았다. 그의 삶을 톺아보면 수도자이자 선교사, 사제이자 주교, 모험가이자 관찰자, 그리고 외교관이자 역사가로서의 면모 또한 확인할 수 있다.

그는 죽을 때까지 하느님을 위한 삶을 살았으며, 교회 공동체 안에서 자신에게 주어진 일을 맡아서 하면서도 더 할 수 있는 일들을 찾아 나섰다. 죽음을 곁에 둔 선교지에서도 하느님의 뜻을 알리는 길을 찾기에 여념이 없었으며, 그 과정에서 교회에 필요한 정보와 제안들을 적극적으로 탐색하고 정리했다. 그의 여행기에서는 그가 머문 곳에 대한 지리와 풍속뿐만 아니라 최근의 사회적, 역사적 사건들까지도 확인할 수 있다는 점에서 그는 뛰어난 관찰자이면서 저술가이기도 했다.

브뤼기에르 주교의 뛰어난 의지와 업적, 그가 후세에 남긴 영향력과 유산 등은 조선 대목구의 설립이라는 중요한 토양을 일구어 그 토양에 조선 교우들이 신앙의 씨앗을 심을 수 있었다. 이 씨앗은 그를 이은 열성적인 선교사들의 조선 파견이라는 물길을 대주어, 김대건 신부와 최양업 신부라는 새순을 틔울 수 있었고, 이는 결국 한국 천주교회라는 굳건한 전통의 수립으로 이어졌다.

맺는 글

주교님이 우리에게 남긴 신앙의 유산

지난겨울, 생활성서사에서 『브뤼기에르 주교 바로 알기』라는 제목으로 집필을 청탁받았습니다. 그때까지만 해도 서울 대교구 시복시성위원회 역사위원회 담당자로 활동하면서 당연히 해야 할 과제 중의 하나라고 생각해서 기꺼이 한번 해 보겠노라고 당당히 수락했습니다.

그러나 원고를 보내기로 했던 기한은 다가오는데, 글을 시작할 수가 없었습니다. 원고 마감 일주일 전인 2월 마지막 주간이 되었을 때, 시간을 조금만 더 달라는 얘기와 함께 간신히 초고를 써서 3월 초에 제출한 원고에는 손을 봐야 할 곳이 한두 군데가 아니었습니다.

또한 그 내용도 직접 쓴 글이라고 할 수 없는, 지난 2023년 12월 2일에 있었던 심포지엄 자료집의 내용을 중심으로 요약하고 정리하는 정도의 수준이었습니다. 초고를 다듬어 준 생활성서사에서 나머지 부분을 메꾸어 주었습니다.

이 자리를 빌려 다시 한번 「하느님의 종' 바르톨로메오 브뤼기에르 소(蘇) 주교 시복 추진 제1차 심포지엄」에서 발표해 주신 연구자들께 감사의 말씀을 전하고자 합니다. 이 책에서 브뤼기에르 주교의 서품 전까지의 내용은 파리외방전교회 허보록 신부님의 글을 참조하였고, 브뤼기에르 주교님에 대한 새로운 편지 내용이나 자료에 대한 번역 부분은 한국학중앙연구원의 조현범 교수님의 연구를 참조하였습니다. 그리고 브뤼기에르 주교님의 조선을 향한 여정과 유해 이장 부분은 양업교회사연구소 차기진 박사님의 글을 전적으로 참고하였음을 밝히고자 합니다. 그 외에 심포지엄에서 제시되었던 뛰어난 연구 자료들로 브뤼기에르 주교님을 더 잘 이해할 수 있었음을 고백합니다.

브뤼기에르 주교님이 1829년 파리외방전교회 본부에 서한을 보내 조선 선교를 자원한 후 조선 입국을 목전에 두고 선종하실 때까지의 기간은 6년여였습니다. 즉 그분은 조선 선교사로서 6년여를 살았고, 그중에 3년여는 조선 대목구 설정과 자신이 몸담은 파리외방전교회가 조선을 맡을 수 있도록 하는 데 모든 힘을 쏟았습니다. 그리고 나머지 3년 동안은 아시아 지역에 적용했던 '선교

관할권Padroado' 문제를 해결하고, 조선 교우들이 조정의 탄압과 박해의 위협에도 불구하고 벽안碧眼인 자신을 받아들이도록 설득하기 위해 노력했습니다. 그렇게 그 모든 문제를 해결하고, 당신의 후배 선교사들이 조선에 들어갈 수 있도록 어느 정도 준비를 마친 후, 조선을 눈앞에 두고 브뤼기에르 주교님은 갑자기 선종하셨습니다.

그가 세례명을 따온 바르톨로메오 성인은 사도 중에 한 분이었고, 전승에 의하면 토마스 사도처럼 인도에까지 가서 복음을 전한 사도였습니다. 바로 자신의 주보 성인처럼 아시아의 동쪽 끝에 있던 조선을 향해 복음을 전하고자 했던 분이 바로 바르톨로메오 브뤼기에르 주교님이었습니다.

브뤼기에르 주교님은 자신의 성을 한자로 '소蘇'라고 정했습니다. 중국에서는 보통 예수님을 '야소耶蘇'라고 표현하는데, 거기에서 따온 성씨가 아닐까 하고 상상해 봅니다. 곧 아시아의 선교사로서 예수님을 더욱 닮고자 '소'라는 성을 택했던 것은 아닐까요?

브뤼기에르 소 주교의 조선을 향한 여정은 마지막까지 순탄치 않았습니다. 그럼에도 불구하고 그는 끝까지 자신이 달려야 할 길을 완주했고, 조선 대목구가 온전히 파리외방전교회의 선교지로 포함되어 전교회의 훌륭한 선교사들이 조선을 맡을 수 있도록 안배했습니다. 또한 자신과 같은 '갑사의 명의 주교'인 앵베르 주교가 처음으로 조선에 입국할 수 있도록 준비한 것도, 병인박해(1866년)로 순교한 베르뇌 주교가 그와 같은 '갑사 명의 주교'인 것까지도 마치 그가 예비한 것만 같습니다.

그토록 조선에 들어오고자 열망했으나 뜻을 이루지 못한 채 조선의 목전에서 멈춰야 했던 브뤼기에르 소 주교는 조선 대목구 설정 100주년을 맞아 참으로 극적으로 용산 성직자 묘지로 유해가 이장되어 그가 그토록 바라던 조선 땅에 머물 수 있었습니다. 중국 근현대사의 소용돌이에 휩쓸려 사라졌던 주교님의 묘비석도 2006년에는 제자리로 되돌려 둘 수 있었습니다.

브뤼기에르 주교님이 우리에게 남긴 신앙의 유산은 여러 가지가 있습니다. 인생에서 가장 소중한 복음에 대한 열정, 선교에 대한 열정 그리고 가장 복음을 필요로 하는 이들에게 달려가는 열정이 바로 그것입니다. 자신의 이익을 향해 먼저 달려가려고 하는 오늘 우리에게 브뤼기에르 주교님은 "가서 모든 이에게 하느님 나라의 복음을 가르쳐라." 하고 촉구하고 있습니다. 브뤼기에르 주교님의 모습은 마치 모세가 복지福地 가나안 땅을 앞에 두고 40년의 광야 생활로 이스라엘 백성을 준비시켰듯이, 조선을 향해 들어가는 긴 여정 동안 파리외방전교회의 조선 대목구 선교를 준비시킨 것에 비유할 수 있을 것입니다. 그의 열정과 순직 안에서 한국 교회는 교황청과 연결된 모범적인 교회로 발전해 나갈 수 있었습니다.

조선 대목구 설정 200주년, 곧 서울 대교구 설정 200년을 향해 가는 이 시기에 한국 천주교회는 참으로 큰 위기를 맞고 있습니다. 젊은이들이 교회를 떠나고, 사제와 수도 성소가 줄어들고 있으며, 교회 신자들의 연령대는 계속해서 고령화하고 있습니다. 유럽 교회가 쇠퇴했다고 얘기하지만, 적어도 유럽 교회는 수백 년간 그리스도교 문화를 꽃피웠고, 그 잠재적인 문화가 세계 곳곳에 보이지 않게 영향을 미치는 것이 사실입니다.

그러나 한국 천주교회도 그 이상으로 아름다운 고유한 역사를 간직하고 있습니다. 브뤼기에르 주교님도 한국 교회의 놀라운 탄생과 그들의 순교 신심, 신앙심을 보고 조선 선교를 원했던 것입니다. 조선을 향한 브뤼기에르 주교님의 열정을 다시 바라본다면, 우리는 거기에서 한국 교회의 가장 순수하고 뛰어난 신앙 공동체를 발견하게 될 것입니다. 그리고 바로 브뤼기에르 주교님의 그 선교 열정이 한국 교회의 새로운 복음화와 아시아 선교를 향한 열망을 다시금 일으키는 계기가 되기를 희망해 봅니다.

이 책 『브뤼기에르 주교 바로 알기』는 필자의 글보다는 기존의 연구 성과들과 생활성서사의 편집자들이 도와준 글로 구성되었다고 할 수 있습니다. '하느님의 종' 브뤼기에르 소 주교님을 이해하는 매우 기초적인 내용에 한정되어 있음을 또한 밝힙니다. 그분이 남긴 서한과 여행기에도 우리가 여러 번 곱씹어 볼 만한 중요한 가르침이 많이 남아 있습니다. 그가 조선을 향해 출발하면서 기록해 두었던 『여행기』는 바로 자신의 뒤를 이어서 조선에 들어갈 후배 선교사들을 위해 매우 자세히 작성해 둔 것이었고, 그가 남긴 『서한집』을 통해서는 조선 교우들에 대한 깊은 존중과 배려와 사랑을 읽어 낼 수 있습니다. 주교님의 『여행기』와 『서한집』도 일독을 권합니다.

마지막으로 브뤼기에르 주교님의 시복 추진 과정에서 그분의 영웅적인 덕행과 선교 열정과 같은 모범들이 더 잘 밝혀지리라 믿으며, 이 작은 책이 브뤼기에르 주교님에 대한 관심과 현양이 더 주목받을 수 있는 마중물이 되기를 기대합니다.

부록

브뤼기에르 주교의 시복 시성 추진

시복 시성의 정의와 의미

　가톨릭 교회의 '시복諡福'과 '시성諡聖'이란 세상을 떠난 성덕이 높은 사람이나, 혹은 순교자에게 공식적으로 '복자福者'나 '성인聖人'으로 품위品位를 부여하는 예식이다. 시성을 위해서는 먼저 '하느님의 종servus Dei', '가경자可敬者' 그리고 '복자'의 단계를 거쳐야 한다. 시복 시성 후보자를 선정하고, 시성성으로부터 '장애 없음' 판정을 받게 되면 정식으로 시복을 추진한다는 의미에서 '하느님의 종'이라고 한다. 대상자가 복자로 시복되면 해당 지역과 해당 수도회에서 주로 복자를 공경하고, 성인으로 시성되면 전 세계의 가톨릭 교회가 함께 공경하게 된다.

　교회는 초세기(1-4세기)부터 사도들과 '순교자Martyr'들을 공경하는 공적인 전통이 있었다. 당시에는 주교가 순교 여부를 판단하였으며, 순교자가 나온 교구에서 그들을 공경하였다. 각 교구는 순교자들의 명단을 공유하였고, 이후 교황의 승인하에 교회 전체의 공경으로 확대되었다. 4세기 이후 순교자 외에도 성덕을 기준으로 성인품에 오르는 사례가 등장했다. 교회는 이들을 '증거자 Confessor'라고 부르며 순교자와 함께 오늘날까지 성인을 구분하는 명칭으로 이용하고 있다.

시복 시성을 위해서는 두 가지 이상의 기적이 보고되어야 한다. 그러나 순교자의 경우, 순교 사실만으로 첫 번째 기적 심사가 면제된다. 시복과 시성은 전체 교회 혹은 지역 교회에 큰 영향을 미치는 만큼, 그 심사 과정은 매우 엄격하다. 재판의 형태로 진행되는 심사 과정은 엄밀한 증거를 요구하며, 예비 심사 과정에서 대상자의 행적과 성덕을 조사하여 약전略傳을 만들어 교황청 시성성諡聖省(Congregatio de Causis Sanctorum)으로 송부한다. '장애 없음'을 판정받게 되면 '하느님의 종'으로 다시 교구 재판을 통해 1차 심사를 시성성에 올리고, 이 심사가 통과되면 다시 교황청에서 2차 심사를 거쳐, 기적 심사가 끝나고 나서야 시복에 대한 결정을 내린다. 시성성은 의장 추기경 이하 다수의 구성원들이 모여 기적이나 덕행, 관련 저작물들을 검토한 후 판결 결과를 교황에게 보고한다. 시복과 시성의 권한은 오직 교황에게만 있다.

브뤼기에르 주교의 시복 시성 추진 이유

교회는 덕행이 뛰어나고 성덕이 출중한 신앙인을 기억하고 현양顯揚하면서 시복 시성을 추진해 왔다. 그 결과 한국 천주교회는 103위의 성인과 124위의 복자를 공경할 수 있게 되었다. 그 외에도 현재 조선 왕조 치하에서 순교한 133위와 근현대 신앙의 증인 81위, 베네딕도회 덕원 순교자 38위와 가경자 최양업 신부의 시복 시성을 추진하고 있다.[104]

이토록 풍성한 신앙의 유산이 맺어지기 위해서는 신앙의 씨앗을 소중히 품고 키워 낼 토양이 필요했다. 그러나 우리 신앙의 선조들이 처음 받아들였던 천주교는 학술적인 의미가 컸기에, 신앙의 본래 의미를 이해하기 위해서는 시행착오를 겪을 수밖에 없었다. 1784년 최초의 교회 공동체가 설립된 이후 1831년까지 조선 교회는 사제급 지도자의 부족과 조정의 박해로 부침을 거듭하고 있었다.

그러한 상황에서 하느님께서는 브뤼기에르라는 한 선교 사제를 통하여 조선 교회의 토양을 마련해 주셨다. 그것이 오늘날 우리가 브뤼기에르 주교의 시복과 더 나아가 시성을 추진하고자 하는 까닭이다.

시복 시성 추진 과정과 현재

2015년 9월 17일 서울 대교구장 염수정 추기경은 순교자 현양 미사에서 브뤼기에르 주교의 시복 청원을 제안했다. 당시는 브뤼기에르 주교 선종 180주년 미사를 앞둔 시기였다.

같은 해 10월 20일, 서울 대교구는 용산 성당 성직자 묘역에서 '브뤼기에르 주교 선종 180주기 추모 현양 대미사'를 거행해 시복 청원 분위기를 고조시키고자 하였으며, 한국교회사연구소에서는 선종 180주년을 맞아 미공개 문서들을 다룬 『브뤼기에르 주교 서한집』의 간행을 준비할 것임을 밝혔다.

2022년 10월 21일 한국 주교단은 조선 교구 설정 200주년(2031년)과 브뤼기에르 주교 선종 200주년(2035년)을 앞두고 서울 대교구 주관으로 브뤼기에르 주교의 시복을 추진하기로 결정했다.[105] 이전의 103위 성인과 124위 복자의 시복 시성 추진은 효율적인 진행을 위해 한국천주교주교회의에서 관련 업무를 진행했지만, 브뤼기에르 주교의 시복 추진에 적극적이었던 서울 대교구의 의사를 반영했다.

그러나 1835년 브뤼기에르 주교가 선종한 장소가 중국의 마가자(마찌아즈)였기에, 속지법에 의해 그 관할 권한이 중국 교구에 있었다. 교황청은 이러한 상황을 충분히 인식하고, 검토한 끝에

2023년 1월 12일 서울 대교구에 '시복 재판 관할권' 이전을 승인해 줬으며, 이에 서울 대교구는 3월 23일 시복시성위원회를 개최해 브뤼기에르 주교의 시복 시성 추진을 결정했다.

교구 단계에서 시복 시성을 위한 공식 조사와 안건 착수, 재판부 구성을 통한 예비 심사를 거쳐 모든 자료를 교황청 시성부에 전달하도록 되어 있다. 교황청 시성부는 교구에서 보낸 모든 자료를 종합해 '심문 요항Positio'을 작성해 위원 추기경과 주교들의 검토를 받아야 한다.

10월 12일 교황청 시성부는 브뤼기에르 주교의 시복 추진에 '장애 없음Nihil Obstat'을 승인했다. 교황청 시성부의 '장애 없음' 승인은 브뤼기에르 주교의 시복 절차에 문제가 없음을 교황청 차원에서 인정해 준 것이며, 사전 검증의 모든 절차를 마치고 공식적인 시복 대상자가 되었음을 의미하는 것이기에, 브뤼기에르 주교는 '하느님의 종'이라는 호칭을 수여받았다.

한국 천주교회는 브뤼기에르 주교와 관련된 문헌들을 수집, 조사하여 그의 '영웅적 덕행'에 관한 보고서 작성과 현양 홍보를 위한 활동을 강화해 나갔다. 12월에는 서울 대교구 시복시성위원회와 한국교회사연구소의 주관으로 「하느님의 종' 바르톨로메오 브뤼기에르 소(蘇) 주교 시복 추진 제1차 심포지엄」을 가졌다. 심포지엄은 「브뤼기에르 소(蘇) 주교의 생애와 조선 선교 배경」을 주제로 브뤼기에르 주교의 출생부터 서품, 초대 조선 대목구장으로의 임명과 조선으로의 입국 시도, 선종까지의 여정을 짚어 보면서 브뤼기에르 주교의 시복을 위한 자료를 축적하는 목적으로 진행되었다.

한편 브뤼기에르 주교의 고향인 프랑스 카르카손-나르본 교구에서도 시복 시성 추진에 동참하기 위해 브뤼기에르 주교에 관한 자료와 유품 등을 수집하기 시작했고, 2027년 '서울 세계 청년 대회WYD'에도 참여해 적극 협력하겠다는 의사를 밝혔다.

주註

브뤼기에르 주교 약전과 연표

1. 「브뤼기에르 소(蘇) 주교의 생애와 조선 선교 배경」, 「하느님의 종' 바르톨로메오 브뤼기에르 소(蘇) 주교 시복 추진 제1차 심포지엄(이하 '제1차 심포지엄')」 자료 참조(2023.12.2.).

여는 글

2. 시복시성위원회 위원장 구요비 주교님의 '제1차 심포지엄' 기조 강연을 옮겨 실었다.

1장 조선의 상황

3. 참고 문헌: 한국교회사연구소, 『한국천주교회사』 1,2; 『민족과 함께 쓰는 한국천주교회사Ⅰ』, 문규현 저, 빛두레, 1999년; 「한국 천주교회사」 (https://www.cbck.or.kr/Catholic/Korea/History), 한국천주교주교회의.

4. 『천주실의』: 예수회 선교사인 마테오 리치Matteo Ricci(중국명 利瑪竇, 1552-1610년)가 1593년(혹은 1594년) 저술한 천주교 교리서. 세상을 창조하시고

이를 보전케 하신 하느님을 소개하는 책으로, 천주교의 하느님天主은 유교의 상제上帝와 같다고 소개하며, 양명학과 유사한 일부 내용 등의 영향으로 명말 사대부에게 인기를 끌었다.

『칠극』: 예수회 신부 판토하Pantoja(중국명 龐迪我, 1571-1618년)가 1614년 저술한 수덕서修德書 『칠극대전七克大全』의 약칭. 인생을 상上의 7덕德, 하下의 7죄罪로 구분해, 7덕으로 7죄를 극복하는 것이 7극克이라고 주장하였다. 유가儒家의 수신극기修身克己 개념을 7극으로 해석해 큰 인기를 얻었다.

5. 북당北堂: 1703년 북경에 건립된 천주교 성당. 프랑스 예수회의 퐁타네 Fontaney 신부가 강희제의 학질(말라리아)을 고쳐 준 공로로 받은 부지에 건립했다. 이후 이전과 증축 등을 거쳐 이어져 오던 중, 1826년 천주교 박해의 과정에서 폐쇄되었다가 1844년 재건되었고, 1887년 현재 위치에 다시 세워졌다. 1951년 중국의 공산화 이후 다시 폐쇄되었다. 현재 북경 교구의 주교좌 성당으로 사용되고 있다.

6. 교황 대리 감목구教皇代理監牧區(Vicariatus Apostolicus)를 가리킨다. 17세기 이후 정식 교구로 설정되기 어려운 지역이나 현지인들에 의해 자치 교구로 성장 가능성이 있는 교구를 그 전까지 교황청에서 관할하기 위해 설정한 구역이다. 1784년 창설된 조선 천주교회는 1831년까지 북경 교구의 관할하에 있었다.

2장 브뤼기에르 주교의 생애

7. 당시에는 성품성사를 칠품성사 순서대로 나누어 수문품, 강경품, 구마품, 시종품까지를 소품으로 불렀고, 차부제품, 부제품, 사제품을 대품으로 부르면서 성직자로 구분했다.

8. *Annales de l'Association de la Propagation de la Foi*, No. XX, Avril 1830, pp. 204-205. 작성일 불명의 서한이지만, 1826년 12월 11일 브뤼기에르 신부가 마카오를 떠나 1827년 1월 12일 페낭에 도착하였으므로, 1826년 말 혹은 1827년 초에 바타비아 항구에서 페낭으로 가는 배를 기다리면서 쓴 것으로 추정된다.
9. 15세기 이래 포르투갈과 스페인 사이에 맺어진 가톨릭 식민지 국가들에게 부여되었던 포교상의 특권. 로마 교황청은 해외 포교 사업의 대부분을 포르투갈과 스페인 왕실에 위임하였다. 포교를 장려하는 뜻에서 교회는 두 나라에 통상 및 토지 획득의 독점권뿐만 아니라 모든 교회 직위에 대한 우선권까지도 부여했다. 1493년 5월 3일 및 4일의 대교서大敎書에 의해서 선교 관할권이 설정되었고, 스페인은 필리핀 군도와 아메리카 대륙, 포르투갈은 브라질과 동아시아에 대한 선교 관할권을 가졌다.
10. AMEP, Vol. 63, ff. 79-80.
11. 샤를르 달레, 『한국 천주교회사 中』, 223-231쪽.
12. 브뤼기에르 신부는 1829년 6월 29일 갑사Capsa의 명의 주교이자 시암 대목구의 부주교로 서품되었다.
13. 이 서한의 상단에는 라미오 신부가 1829년 7월 29일에 서한을 받아, 1830년 1월 26일 답신을 보냈다고 기록되어 있다. 하지만 라미오 신부의 답장은 전해지지 않으며, 아래에 인용된 라미오 신부의 서한 내용은 후에 브뤼기에르 주교가 자신의 『여행기』에 인용한 것이다.
14. AMEP, Vol. 63, f. 119.
15. AMEP, Vol. 63, ff. 102-104.
16. AMEP, Vol. 320, ff. 454-455.
17. 선교 여정에 대해서는 차기진 박사의 글을 주로 참고하여 작성하였고,

관련된 각주를 확인하면서 수정하였다. 주註에 있는 여행기는 주로 정양모 신부의 번역본(2007년)을 참고하였고, 한국교회사연구소에서 나중에 나온 『브뤼기에르 주교 여행기』(2008년)를 인용할 경우, 별도로 주를 달아 두었다.

18. 옹정, 건륭, 가경은 모두 청나라의 연호年號이다.
19. 1803년 청나라 사천 대목구에서 뒤프레스 주교에 의해 개최된 시노드(사제단 회의). 성사와 선교사들의 사목에 관한 지침을 제시했다. 조선으로 파견된 초기 선교사들이 사천 지역에 파견된 경험이 있었기에 조선 선교에 영향을 끼쳤을 것으로 본다. 1857년 3월 제4대 조선 대목구장 베르뇌 주교도 시노드를 개최한 이듬해에 사목 서한을 보내 사천 시노드의 규정을 숙지할 것을 권고했다.
20. 최병욱, 「조선 대목구 설립 전후의 중국 교회 상황」, '제1차 심포지엄' 자료 참조.
21. 이하 소 주교의 조선을 향한 여행 경로는 차기진의 글을 참조하였다. ; 『여행기』, 110쪽.
22. 당시의 포교성성 장관은 카를로 마리아 페디치니Carlo Maria Pedicini(1769-1843년, 재임 1831-1834년) 추기경이었다.
23. 『서한집』, 166-182쪽.
24. 여항덕 신부는 1834년 1월 4일(음력 1833년 11월 25일) 조선에 입국하여 1월 16일 서울에 도착하였다. 그가 조선에 입국할 당시에 택한 이름은 유방제劉方濟였다.
25. 『여행기』, 110-111쪽. 조선 교우들에게 보낸 사목 서한의 라틴어 서한은, 『서한집』 183-184면 참조. 한편 당시 북경에 머물고 있던 남경 교구장 피레스-페레이라 주교에게 보내는 서한을 통해서는 조선 대목구

장 임명 소식과 조선 향발 여정 등을 전했을 것으로 보인다.
26. 『여행기』, 117쪽.
27. 조현범, 「브뤼기에르 주교의 복건 체류」, 『발로 쓰는 한국 천주교의 역사』, 마백락 선생 교회사 연구 50주년 기념 논총 간행위원회, 2011년, 234-235쪽; 「모방 신부가 움피에레스 신부에게 보낸 1833년 5월 6일자 서한」(A-MEP, Vol. 1260, ff. 5-8)의 작성지 '팅타오Ting-tao'가 바로 '정두촌'이다. 1696년에 설정된 복건 대목구는 1790년 복건·절강·강서 대목구가 되었다가 1838년 복건과 절강·강서 대목구로 분할되었다. 디아즈 주교는 1801년 복건 대목구 보좌 주교로 임명되어 1803년 서품되었으며, 1812년 10월 복건 대목구장을 승계하였고, 1849년 정두촌에서 선종했다.
28. 『여행기』, 137-138쪽.
29. 조현범, 앞의 글, 236-237쪽.
30. 『서한집』, 231-237쪽.
31. 『여행기』, 143, 160쪽.
32. 조현범, 「브뤼기에르 주교의 자취를 찾아서 산서를 떠돌다」, 『한국천주교회의 역사와 문화』, 한국교회사연구소, 2011년, 70-72쪽에는 히아포를 '하포(霞浦, 복건성 寧德市 하포현)'라고 설명하였다. 아마도 이는 해포澥浦의 착오로 보인다.
33. 한국교회사연구소, 『브뤼기에르 주교 여행기』(2008년), 123쪽 각주 60 참조.
34. 중국에서는 관례冠禮를 쓰는 것이 예의이기 때문에, 모자를 쓰고 예식에 참여하는 것을 허가하였다.
35. 『여행기』, 149-151쪽. 카스트로 신부는 1840년 8월 28일 직예 주교에

임명되었으나 취임하지 않았다.
36. 당시 남경 교구장 피레스-페레이라 주교는 북경 교구장 대리로서 북경에 머물고 있었다.
37. 브뤼기에르 주교는 마카오에 체류 중일 때 왕 요셉을 통해 북경으로 서한을 보냈다(1832년 11월 23일). 북경에 도착한 왕 요셉은 브뤼기에르 주교의 서한을 북경에 체류 중인 남경 교구장에게 전달했고, 여항덕 신부를 만주(타타르)까지 안내했으며, 이후 남경으로 돌아와 브뤼기에르 주교를 다시 만났다(1833년 6월 26일).
38. 『여행기』, 154, 157쪽.
39. 『여행기』, 159쪽.
40. 『여행기』, 181-182쪽.
41. 『서한집』, 243쪽에는 '산동', 245쪽에는 '직예'로 나온다. 당시 중국에서는 북경 주변의 하북 · 하남 · 산동성과 천진 등을 합쳐 '북직예'라고 하였다.
42. 『여행기』, 186-192쪽. 1833년 8월 26일 파리외방전교회에서는 조선 선교를 수락하였다. 브뤼기에르 주교는 1835년 1월 19일 서만자에서 르그레즈와 신부의 서한을 받고 이러한 사실을 알았다(『서한집』, 303쪽). 한편 브뤼기에르 주교의 직예 · 산동 체류가 '신자들에 의한 억류'로 와전되기도 했는데, 이는 잘못이다(조현범, 「브뤼기에르 주교와 포르투갈 선교사들의 갈등」, 『교회사연구』 44. 2016년, 204-205쪽).
43. 『여행기』, 189, 191쪽.
44. 『여행기』, 192-198쪽; 『서한집』, 249-250쪽. 산서 대목구는 1696년 10월 15일 남경 교구에서 분리 설정(초대 대목구장 투르코티Turcotti 가롤로 주교)되었으며, 1762년 호광 · 섬서 · 산서 대목구로 변경되었다.

45. 수원교회사연구소 엮음, 「사천성에서 달단 지방의 서만자로 가는 여정」, 『앵베르 주교 서한』, 천주교 수원 교구, 2011년, 191쪽.
46. 조현범, 「브뤼기에르 주교의 자취를 찾아서 산서를 떠돌다」, 90-92쪽. 진중시는 현 유차 교구(楡次敎區. 晉中교구)의 중심지로, 1931년 6월 17일에 지목구로 설정되었다.
47. 『여행기』, 211-216쪽.
48. 서만자에 천주교가 전래된 것은 1700년이었으며, 명말에는 이곳을 '대동구大東溝'라고 불렀다. 1829년 북경 북당에 있던 프랑스 라자리스트회의 리치 신부 등이 박해를 피해 선교 센터를 만리장성 밖의 서만자로 이전했다. 1840년 8월 28일 몽골 대목구가 설립(초대 대목구장 J. M. 물리 주교)된 뒤 서만자에 주교좌가 설치되었으며, 1883년 동몽골·중몽골·남서몽골 대목구로 분리되면서 중몽골 대목구 주교좌는 서만자 성당, 남서몽골 대목구 주교좌는 포두包头 이십사경지二十四頃地, 동몽골 대목구 주교좌는 조양朝阳 송수취자松樹嘴子에 설치되었다.
49. 『여행기』, 218-220, 357-365쪽.
50. 「유(진길) 아우구스티노 등이 브뤼기에르 주교에게 보낸 편지(I)」, 1833년 10월 25일(양력 12월 6일), 여행기, 359-360쪽.
51. 「유(진길) 아우구스티노 등이 브뤼기에르 주교에게 보낸 편지(II)」, 1833년 10월 25일(양력 12월 6일), 여행기, 363-365쪽.
52. 『여행기』, 233쪽.
53. 『여행기』, 239-243쪽. 브뤼기에르 주교가 만리장성을 통과한 장가구는 정확히 장가구의 '대경문大境門'일 것이다.
54. 『여행기』, 293쪽.
55. 『여행기』, 277-296쪽.

56. 『여행기』, 294-296, 381-384쪽.
57. 『여행기』, 309-314, 387-394쪽.
58. 『여행기』, 323-324쪽. 산서 회장 장희에 대해서는 「모방 신부가 파리외방전교회 신학교 지도자들에게 보낸 1836년 4월 4일 자 서한」(A-MEP V. 1260, f. 78)에 자세히 설명되어 있다(『상교우서』 52, 수원교회사연구소, 2016년 가을, 33쪽).
59. 『서한집』, 256쪽.
60. 『여행기』, 336쪽.
61. 『서한집』, 341쪽.
62. 『여행기』, 347쪽 ; 서한집, 352쪽.
63. 『여행기』, 348-349쪽.
64. 『서한집』, 354쪽.
65. 「모방 신부가 파리외방전교회 신학교 지도부에 보낸 1836년 4월 4일자 서한」, 『상교우서』 52, 33쪽.
66. 『서한집』, 322, 358, 362쪽.
67. 『서한집』, 361-368쪽.
68. 모방 신부는 마가자를 'pielikeou'로 적고 있으며, 파리외방전교회의 선교 지도에는 이곳이 'Pie-lie-keou'로 기록되어 있다.
69. 차기진, 「초대 교구장 브뤼기에르 주교 무덤 자리를 찾아서」, 『가톨릭평화신문』 834호, 2005. 8. 14.
70. 『서한집』, 363-364쪽.
71. 모방 신부는 이후 조선 여정을 계속하여 1836년 1월 13일 마침내 조선에 입국할 수 있었다. 그는 이 땅에 발을 디딘 최초의 서양 선교사였다.
72. 「모방 신부가 파리외방전교회 신학교 지도부에 보낸 1836년 4월 4일자

서한」, 『상교우서』 52, 33-34쪽. 브뤼기에르 주교의 묘비에는 주교의 성 [蘇]과 함께 직책[首鐸], 선종 날짜[道光十五年八月二十九日, 양력 10월 20일]가 기록되었다.

73. 『뮈텔 주교 일기』, 1897년 4월 12일 및 4월 19, 20일.
74. 『이장기』, 57-59쪽. 마티농 박사가 찍은 사진은 현재 한국교회사연구소의 뮈텔 문서 안에 들어 있다.
75. 송수취자는 1960년대에 시이촌士毅村으로 개칭되었다.
76. 동몽골(제홀) 대목구는 현 금주錦州(Jinzhou) 교구의 전신으로, 1883년에 설정되었으며, 당시 열하熱河성 전체 및 봉천奉天성 일부 지역을 관할하였다. 초대 대목구장은 벨기에 출신의 성모성심회 선교사 루체 Théodore-Herman Rutjes(중국명 呂繼賢, 1844-1896년) 주교였다. 1932년 1월 21일에 적봉赤峰 대목구가 분리 설정되었다.
77. 『이장기』, 61쪽.
78. 『이장기』, 65, 67, 79쪽.
79. 『이장기』, 83, 85-87쪽.
80. 『이장기』, 89쪽;『경향잡지』 25권 718호, 1931. 9. 30.
81. 『경향잡지』 25권 720호, 1931. 10. 31.
82. 『이장기』, 36-38, 155-162쪽.
83. 「브뤼기에르 소(蘇) 주교의 생애와 조선 선교 배경」, '제1차 심포지엄' 자료 참조.

3장 '하느님의 종' 브뤼기에르 주교의 업적과 신앙 유산

84. 『서한집』, 134쪽.
85. 『서한집』, 67-70쪽.

86. 『서한집』, 96-100쪽.
87. 『서한집』, 68쪽.
88. 『서한집』, 131쪽.
89. 『서한집』, 277쪽.
90. 『여행기』, 78쪽.
91. 『서한집』, 126-136쪽.
92. 『서한집』, 84쪽.
93. 『서한집』, 92쪽.
94. 『서한집』, 135쪽.
95. 『서한집』, 139-141쪽.
96. 『서한집』, 148쪽.
97. 『서한집』, 184쪽.
98. 『여행기』, 76쪽.
99. 『서한집』, 107쪽.
100. 『여행기』, 245-247쪽.
101. 『서한집』, 358쪽.
102. 『서한집』, 189-229쪽.
103. 최필공, 정약종, 황사영, 강완숙, 윤점혜, 이순이

부록

104. 제시된 목록은 2023년 기준.
105. 서울 대교구는 브뤼기에르 주교 외에도 김수환 추기경, 방유룡 신부의 시복 시성도 함께 추진한다.

하느님의 종 브뤼기에르 초대 조선 교구장 시복 시성 기도문

모든 성인들의 덕행으로 찬미와 영광 받으시는 주님!
주님께서는 성교회로 하여금
예수 그리스도의 신앙을 증거하기 위하여
생명을 바친 성인성녀들을 공경하여 그 표양을 본받게 하셨나이다.
조선 선교를 자청한 뒤 온갖 고난과 질병을 극복하면서
오로지 조선에 들어가 선교하겠다는 굳은 신념으로
온 삶을 봉헌한 브뤼기에르 주교의 공로에 의지하여 청하오니
저희들이 거룩한 순교정신을 본받아
신망애 향주삼덕에 뿌리를 박고
어떠한 어려움 속에서도 꿋꿋이 살아가도록 도와주소서.

브뤼기에르 주교의 공로로 저희를 이 세상에서 보호하시며
저희의 마음속 지향을 들어 허락하심으로써
(잠시 침묵 중에 기도의 지향을 아뢴다)
당신 권능을 드러내시고 저희가 희망하는 대로
하느님의 종 브뤼기에르 주교가 복자와 성인들 대열에 들게 하소서.
우리 주 예수 그리스도를 통하여 비나이다. 아멘.

○ 순교자들의 모후이신 성모 마리아님
◎ 저희를 위하여 빌어 주소서.

○ 한국의 순교자들이여
◎ 저희를 위하여 빌어주소서.

서울 대교구장 정진석 추기경 인준(2008.07.01.)
서울 대교구장 정순택 대주교 수정 승인(2023.03.23.)